クライシスを乗り越える
マネジメント・コントロール
―東日本大震災の復興事例―

岡﨑 路易 [著]
Okazaki Rui

中央経済社

はしがき

　1995年1月17日，筆者は，中学1年生のとき，神戸市内の自宅で阪神・淡路大震災を経験した。観測史上初の震度7の激震が襲い，直撃を受けた150万都市・神戸は瞬時に壊滅状態に陥った。淡路島，近隣の西宮，芦屋，宝塚市などにも大きな被害が及んだ。現在，筆者の勤務しているJ．フロント　リテイリング株式会社の傘下にある株式会社大丸松坂屋百貨店が運営している大丸神戸店も，震災で7階建ての本館が損壊，売場面積の3分の2を失った。その大丸神戸店が全館オープン再開（復興グランドオープン）したのは，2年2ヵ月後の1997年3月2日のことであった。子供ながらに，このことは地元の大きなニュースであったことを記憶している。そして，両親と一緒に大丸神戸店に行き，再開を喜んだことを覚えている。また，同時に，来店した人の多さにも驚いた。まさに神戸という街の復興の象徴のようであったと感じた。

　社会人になった筆者は，株式会社大丸に入社，大丸神戸店に配属された。社内で当時のことを聞くと，「復興グランドオープンの日は，入店制限を行うほどの大盛況」，「震災前の休日を上回る12万人が来店した」とのことだった。神戸・元町という地方都市の百貨店のオープン初日にこれほどの人々が集まったことは，それだけ地元の人達の期待と希望を一身に集めたことだといえる。

　このような地元・神戸での光景が筆者の原体験となっている。震災からの復興というのは，行政だけではなく，企業の復興というものも重要であると考えるようになった。そして，筆者は経営学の領域において研究活動をする中で，研究者として，いつかはこのような企業の復興に貢献したいと思うようになった。

　2011年3月11日に発生した東日本大震災は，日本の多くの企業に多大なる影響をおよぼし，震災からの復興は喫緊の課題となった。それに対して，あらゆる領域の識者等から，震災復興に向けた提言が発信され，書籍に関しても，か

なりの数の出版がなされた。企業の復興活動ということに着目すると，特に注目されたのはBCP（Business Continuity Plan：事業継続計画）についての議論であった。しかしながら，BCPはあくまで計画であり，どのようにして企業が復旧/復興活動を実施すればよいのかまでは議論されていない。つまり，どのようにして企業のトップと従業員が一丸となって復旧/復興活動を実施すればよいかはわからない。一方，マネジメント・コントロールの研究領域においても，このような復旧/復興活動に着目した研究が行われてきたとは言い難い。テキストブックで解説されている既存のマネジメント・コントロールの知識は，平常時を前提として議論されており，危機に直面した企業のトップや従業員にとってガイドラインとはなりえない。

そこで，本書では，これまでの震災復興に関する書籍やマネジメント・コントロールの研究書とは異なり，企業が震災などのクライシス発生時にどのような対応をとればよいか，どのようにマネジメント・コントロールを実施すればよいか，ということを探り，企業の震災復興におけるガイドラインとなるような提言を行いたい。

本書は研究書であり，その内容自体は学術的なものであるが，できるかぎり広い層の方に啓蒙書やテキストブックとして読んでもらいたいと考えている。対象とする読者としては，経済・経営・会計などに携わる研究者だけでなく，実務家や大学院生，学部生も想定している。特に本書でとり上げる事例研究は震災時に被災企業がとった実際の行動をありのままに記述しており，マネジメント・コントロール領域の研究に馴染みのない方にも理解しやすいと考えている。

本書の出版準備中である2016年4月16日に熊本地震が発生した。本書でとり上げた震災復興におけるマネジメント・コントロールの実態や課題，分析結果が，被災地で復旧/復興活動に取り組んでいる企業の何らかの役に立つことができれば幸いである。被災された皆様に心よりお見舞い申し上げるとともに、一日も早い復旧を切に願う。

本書の研究は，東日本大震災直後の2011年に始まり，出版までに5年もの歳月がかかっている。その間，実に多くの方々のご協力を賜った。ここに記して心からの謝意を表したい。

　まず，本書の研究に関して，多大なご協力とご指導をいただいた企業の方々に厚く御礼を申し上げたい。

　震災後間もない2012年の夏から調査にご協力いただいた東洋刃物株式会社では，庄子公侑氏，髙橋允氏，清野芳彰氏，菅原俊光氏に本当にお世話になった。そもそも震災時に被災企業がどのような状況に直面したのかということすら知らなかった筆者らに対して，被災直後の写真や津波発生時の映像をもとにご説明をいただいた（その写真の一部を本書に掲載している）。津波によって工場が破壊される映像は，衝撃的であり，震災被害の凄まじさを感じた。そのような悲壮な状況を乗り越え，新たに工場を建設し将来に向かって進もうとしている東洋刃物の方々の姿を目にすることができたことが，この研究をすすめる原動力となった。また，ヒアリング調査においては，A社から震災時の予算管理に関する貴重なお話を伺うことができた。

　2013年6月に実施した全国的な質問票調査は，30以上の質問項目からなる分量の多い質問票調査であったにもかかわらず，多くの企業の協力を得ることができた。また，自由記入欄にも多くの記入をいただくことができた。本書では，事例研究を通じて得られた課題や問題点を質問票調査で確認している。事例研究や質問票調査への協力がなければ研究が成り立たなかった。

　この質問票調査の自由記入欄において，本書の研究に有用な意見を記入していただいたのが，オムロン株式会社の藤本茂樹氏である。自由記入欄に記載されていた内容がきっかけとなり，オムロンへのインタビュー調査が実現した。オムロンでは藤本氏と吉川浄氏が貴重なお時間を割いて調査にお付き合いくださった。

　紙幅の関係上，すべての調査結果を本書に盛り込むことができなかったが，この他にも多くの企業からの協力をいただいている。この場を借りて改めて御礼申し上げたい。

恩師である三矢裕先生（神戸大学）には，神戸大学MBA在籍時から今日に至るまで心あたたまるご指導を受けている。震災復興におけるマネジメント・コントロールの研究は，まったくといってよいほど未知の研究領域であった。常に未知の世界に目を向けて研究することをご自身の実践をとおして教えてくださる三矢先生は，とうてい及ばぬ目標であるが，筆者自身の進むべき道を指し示してくれている。本書の研究においても，まさに海図もなく船で大海に挑むような状況の中，その構想段階から完成に至るまで多大なるご指導ご鞭撻を賜った。これらがなければ本書はとうてい完成しなかったであろう。

　また，仙台での育ての親である佐々木郁子先生（東北学院大学）からは，東北地方での研究活動をご支援いただき，たくさんの研究機会を与えていただいた。佐々木先生とは一緒に多くの被災企業を訪問し，被災地の抱える課題を共有した。

　質問票調査の設計段階においては，神戸大学の國部克彦先生，松尾貴巳先生，立命館大学の大浦啓輔先生，石巻専修大学の岡野知子先生，田村真介先生，松山大学の佐久間智広先生から多くの貴重な意見をいただいた。さらに，三矢ゼミの学生の皆さんからも沢山の意見をいただき，質問票調査を完成させることができた。

　神戸大学管理会計研究会では，さまざまな大学の先生方や大学院生から有用な助言を得ることができた。本研究に関しては，研究課題の設定といった研究の初期段階から報告をさせていただき，多くの貴重なアドバイスを受けることができた。特に，國部先生，松尾先生からは博士論文の審査で，貴重なご意見をいただいた。また，2013年の日本会計研究学会と海外での学会報告，2014年の原価計算研究学会統一論題や神戸大学主催のセミナーでのオーディエンスの方々との質疑応答が，震災時のマネジメント・コントロールの新たな課題に気づかせてくれた。

　本書の研究の大半は，筆者が大丸松坂屋百貨店業務本部財務部に所属していた中で行われたものである。会社は筆者が働きながら大学院で研究活動をすることを快く勧めてくれた。上司からは業務の負担軽減をはかっていただくこと

ができ，職場の先輩や後輩は，その軽減された筆者の業務を快く負担してくれた。また，大丸松坂屋百貨店からＪ．フロント　リテイリングに異動した後も，新たな職場のメンバーが私の研究活動に理解を示し，協力してくれた。あらためて感謝申し上げたい。

　本書の編集を担当してくださった中央経済社の田邉一正氏の丁寧な編集のおかげで，博士論文を多くの方に読んでいただける研究書のレベルにまで昇華することができたと思う。

　なお，本書は，三矢先生，佐々木先生，大浦先生，藤本氏との共同研究の成果も一部含まれている。掲載を了承してくださった諸先生方に御礼申し上げる。

　本書の研究は，平成24～26年度科学研究費補助金（基盤研究B：課題番号24330142），平成24～26年度科学研究費補助金（基盤研究C：課題番号24530568），平成23年度「景気低迷期の適切な組織行動を促す研究・教育プロジェクト」，および平成25年度・26年度「東北大学等との連携による震災復興支援・災害科学研究推進活動サポート経費」による研究成果の一部が含まれていることも付言し，御礼申し上げたい。

　最後に筆者をいつも支えてくれている家族に心から感謝していることを記しておきたい。

　2016年5月

　　　　　　　　　　　　　　　　　　　　　　　　　　岡﨑　路易

目　次

第1章
震災復興における
マネジメント・コントロール研究の意義・1

1　問題意識　1
2　研究課題1
　　──震災復興におけるマネジメント・コントロールの実態把握　2
3　研究課題2
　　──震災復興における優れたマネジメント・コントロールの解明　4
4　本書の構成　5

第2章
クライシスマネジメントの現状把握・9

1　はじめに　9
2　クライシスの定義と主要なクライシス　10
3　クライシスマネジメントの定義　13
4　クライシスマネジメントのフレームワーク　16
5　クライシスマネジメントの実態　19
　　5.1　危機管理計画　20
　　5.2　危機対応マニュアル　22
　　5.3　BCP（Business Continuity Plan：事業継続計画）　24
6　これまでのクライシスマネジメントの成果と問題点　25
7　おわりに　28

第 3 章

分析フレームワーク・31

    1   はじめに   31
    2   震災復興における伝統的マネジメント・コントロール   32
        2.1   設備投資計画   32
        2.2   中長期経営計画   34
        2.3   予算管理   37
        2.4   伝統的マネジメント・コントロールとクライシスマネジメントの対比   40
    3   不確実性とMerchant and Van der Stede（2007）のフレームワーク   42
    4   おわりに──5つの具体的な設問の設定   45

第 4 章

研究方法の概要・49

    1   はじめに   49
    2   研究課題と研究方法の適合性   49
    3   調査の概要   52
    4   おわりに   54

第 5 章

被災企業でのパイロット調査──東洋刃物とA社・57

    1   はじめに   57
    2   被災企業事例①──東洋刃物   58
        2.1   東洋刃物での調査手続   58
        2.2   震災前の状況   59
        2.3   震災発生直後の対応   60
        2.4   復興段階の対応   61

2.5　東洋刃物での発見事項　66
　3　被災企業事例②——A社　68
　　　3.1　A社での調査手続　68
　　　3.2　A社のケース　69
　　　3.3　A社での発見事項　71
　4　おわりに　71

第6章
震災復興におけるマネジメント・コントロールの大規模質問票調査・75

　1　はじめに　75
　2　研究方法——郵送質問票調査の設計　75
　3　サンプリングとサンプルの概要　77
　4　被災状況　80
　　　4.1　震災による負の影響の有無　80
　　　4.2　震災による負の影響の範囲　82
　　　4.3　震災からの復旧/復興状況　85
　5　経営管理全般　87
　6　設備投資計画　91
　　　6.1　復旧/復興のための設備投資の実施状況　91
　　　6.2　政府等からの補助金の利用状況　92
　　　6.3　復旧/復興のための設備投資と
　　　　　平常時の設備投資の意思決定の比較　93
　7　中長期経営計画　96
　　　7.1　中長期経営計画の実施状況　96
　　　7.2　中長期経営計画の再検討・変更の実施状況　96
　　　7.3　中長期経営計画再検討の際の重視項目　98
　8　予算管理　100
　　　8.1　予算管理の実施状況　100

8.2　予算の目標値の臨時的な変更の実施状況　100
　　　8.3　予算達成困難度の変化　101
　　　8.4　予算編成方法の変更状況　103
　　　8.5　予算の使用目的の変化　104
　9　質問票調査における主要な発見事項　106
　　　9.1　被災状況　106
　　　9.2　経営管理全般　108
　　　9.3　設備投資計画　108
　　　9.4　中長期経営計画　109
　　　9.5　予算管理　110
　10　おわりに　111

第7章
震災復興における優れたマネジメント・コントロールの解明
——オムロンの事例・113

　1　はじめに　113
　2　調査手続　114
　3　オムロンのケース　115
　　　3.1　震災前の状況　115
　　　3.2　震災直後の影響　117
　　　3.3　震災復興への対応　118
　　　3.4　震災数ヵ月後　121
　4　オムロンでの調査結果の分析　122
　5　おわりに　125

第8章
マネジメント・コントロールで震災を乗り越える・127

- 1 研究結果の総括　127
- 2 本書の貢献と限界　134
  - 2.1 研究への貢献　134
  - 2.2 実務への貢献　135
  - 2.3 本書の限界と今後の研究課題　138

補章1　被災6県における主要事業所の有無によるマネジメント・コントロールへの影響　139

- 1 設備投資計画　139
  - 1.1 復旧/復興のための設備投資の実施状況　139
  - 1.2 政府等からの補助金の利用状況　139
  - 1.3 復旧/復興のための設備投資と平常時の設備投資の意思決定の比較　140
- 2 中長期経営計画　142
  - 2.1 震災時の中長期経営計画の再検討の実施状況　142
  - 2.2 震災時の中長期経営計画再検討時の重視項目　143
- 3 予算管理　144
  - 3.1 予算の目標値の臨時的な変更の実施状況　144

補章2　非上場企業（被災6県）に関する調査結果　145

- 1 サンプリングとサンプルの概要　145
- 2 被災状況　146
  - 2.1 震災による負の影響の有無　146
  - 2.2 震災による負の影響の範囲　146
- 3 予算管理　149
  - 3.1 予算管理の実施状況　149

3.2　予算の目標値の臨時的な変更の実施状況　149
　　3.3　予算編成方法の変更状況　150
　　3.4　予算の使用目的の変化　151
参考資料　155
参考文献　169
索　　引　173

◆初出文献一覧
　第2章　岡崎（2012）をベースに，大幅に加筆修正
　第3章　岡崎（2012）をベースに，大幅に加筆修正
　第5章　岡崎・佐々木・三矢（2013）をベースに，大幅に加筆修正
　第6章　佐々木・岡崎・大浦（2015）をベースに，大幅に加筆修正
　第7章　岡崎・藤本・三矢（2015）からの岡崎担当箇所の加筆修正

第1章

震災復興における
マネジメント・コントロール研究の意義

1　問題意識

　2011年3月11日に発生した東日本大震災によって，被災地域の企業は設備の崩壊や人的資源の喪失といった直接的な危機に見舞われた。さらに，大震災の影響のみならず，原発事故による放射能汚染の拡大，計画停電などの電力不足によって，被災地域のみならず日本国内の企業が，サプライチェーンの崩壊や消費マインドの低下といった間接的な危機に直面した。

　日本政策投資銀行が2011年7月に実施した設備投資計画調査[1]によると，東日本大震災が事業に与える影響について，回答した企業のうち製造業の多くが，「サプライチェーンの混乱」や「電力不足」の影響があると答えた。また，非製造業では，「消費マインド悪化・自粛」の影響が最多となった。さらに，現状の設備の復旧程度については，平均で震災前の90％程度であり，60％以上の企業が震災前の水準を回復している。一方で，全く回復していない企業が約5％，復旧程度が50％未満の企業が約3％存在している。また，売上の回復は設備の回復よりさらに遅れている。このように，東日本大震災は，日本の多くの企業に多大なる影響をおよぼし，震災後の復旧/復興活動は，日本における喫緊の課題であった。

　東日本大震災の被災企業では，震災発生直後には，まず応急処置的な復旧活

動や被害拡大の防止などの対応を実施した。そして，復興段階においては緊急的な資金繰りの手当や全社戦略の見直しを行わなければならないなど，戦略策定と実施の再考が必要となった。しかし，このような復興段階の戦略実施について標準化された知識やガイドラインといったものがなく，企業は直面する問題に対して手探りで対応せざるを得なかった。

　それでは，被災企業はいったいどのようにして復興段階の戦略実施を行ったのであろうか。本書はこのような問題意識を出発点とし，震災復興におけるマネジメント・コントロールの実態把握と優れたマネジメント・コントロールについて解明したい。

　翻って，このような復興段階におけるマネジメント・コントロールについて研究ができるのは，被災国の研究者だけである。震災の影響から企業が一日も早く復興するには，今回の震災で何が行われたかのドキュメントを残すこと，質問票調査で震災復興におけるマネジメント・コントロールを体系的に解明することが重要となる。

2　研究課題1
―― 震災復興におけるマネジメント・コントロールの実態把握

　震災などのクライシス[2]に対して企業はどのように対応すればよいのか，という問いに対して，クライシスマネジメントの研究が行われてきた。そこでの議論の大部分は，クライシス発生前の準備活動や発生時の初動対応などに関するものであり，具体的には「危機管理計画」や「危機対応マニュアル」，「BCP」などのツールについての議論であった。

　しかし，実際のクライシスマネジメントは発生時の対応だけでなく，その後の復興段階での対応が必要である。特に，いつまでにどのようにして危機発生以前の状態に戻すかという長期的な計画を策定し，計画の達成度合いを測定しながら従業員の動機づけを行うことは，とりわけ重要な経営課題である。本来ならば，企業の経済活動を貨幣計数的に表現する会計を通じて，企業のトップ

は復興段階においてさまざまな意思決定や計画立案・実行を行っている。つまり企業はマネジメント・コントロールの主要な構成要素である設備投資計画，中長期経営計画，予算管理などの管理会計ツールを用いて戦略実施をしている。マネジメント・コントロールの特徴は，PDCAサイクルである。これは何らかの前提条件をおき，そのうえでベンチマークとなる妥当な目標を定め，改善のための意思決定をし，実績を目標へと近づけていくということである。

一方で，今回の震災においては既存の計画の前提条件は崩れ，目標はベンチマークとしての役割を果たさなくなった。それにもかかわらず，被災企業のケースや，そのマネジメントの巧拙については，ビジネス雑誌，新聞記事などの断片的な情報を通して知られているだけで，本格的な学術研究の成果が公表されることは極めて少なかった。つまり，どのように企業が復興段階の対応を行ったかの実態さえも明らかになっていないといわざるを得ない。そのため，復興段階におけるマネジメント・コントロールについては，テキストにおいて定型化された知識がなく，実務家は直面する問題に対して手探りで対応を行わざるを得なかった。

そこで，本書では震災復興におけるマネジメント・コントロールの実態把握を第1の研究課題として掲げ，東日本大震災で甚大な被害を受けた複数の企業をリサーチサイトとしたケース研究と，ここで得られた発見事項を一般化するため，日本の一般的な大規模企業として，東証1部・2部上場企業を対象とした郵送質問票調査を実施した。

詳しい調査結果については第5章と第6章での議論に譲るが，ここでは重要な発見があった。すなわち，調査結果の分析によって，震災復興段階においても管理会計ツールを用いた「成果コントロールは行われた」，しかしながら「成果コントロールの使用方法には平常時とは異なる特徴があった」，さらに「復興段階における特有の役割があった」ということを明らかにした。

3　研究課題2
——震災復興における優れたマネジメント・コントロールの解明

　しかしながら，震災復興段階のマネジメント・コントロールの実態を把握するだけでは不十分である。実務家は復興段階においてどのようにしたら優れたマネジメント・コントロールが実施できるかについての明白なガイドラインがなく，企業はマネジメント・コントロール実施のために苦慮することとなった。つまり，復興段階において戦略実現することができる優れたマネジメント・コントロールを明らかにする必要がある。

　ガイドラインを作るべき立場にある研究者は，これまで平常時を前提としてマネジメント・コントロール研究を行ってきたが，震災復興の際にどのようにしたら優れたマネジメント・コントロールを実施できるかについて明らかにしてこなかった。しかしながら，敷衍して考えると，復興段階のマネジメント・コントロールは不確実性が極めて高い状況でのマネジメント・コントロールにヒントがあった。つまり，先行研究においては，Merchant and Van der Stede（2007）が，不確実性の高い環境におけるマネジメント・コントロールについて成果コントロール（results controls）と文化コントロール（cultural controls）の2つのコントロールを用いて言及していた[3]。成果コントロールとは目標を設定し，業績をモニターし，それに基づいて評価を行うコントロールであり，文化コントロールとは特定の規範や価値観，理念を醸成することで，それから乖離した行動を抑制するような相互モニタリングを促すコントロールである。

　Merchant and Van der Stede（2007）は，不確実性の高い環境においては，成果コントロールだけでなく，文化コントロールによる補完[4]が有効であると述べている。なぜなら，不確実性が高い状況では，成果コントロールの使用が困難になるが，文化コントロールは環境の変化を受けにくいため，それで補完することによって効率的なコントロールができるからである。しかし，そこでの議論は概念的なものであり，震災のような極めて不確実性が高い状況におい

て，具体的な事例を用いた詳細の検討はなされていなかった。果たして，「本当に成果コントロールは文化コントロールで補完することによって効果的なコントロールを行うことができるのだろうか」，「実際に不確実な環境において成果コントロールはどのように実施されたのであろうか」，「成果コントロールはどのような文化コントロールで補完されたのだろうか」。このような震災復興における優れたマネジメント・コントロールの解明が本書の第2の研究課題となった。そこで，東日本大震災で戦略策定と実施の再考が必要となった被災企業のうち，優れたマネジメント・コントロールを実施した適切なリサーチサイトを選択し，ケース研究を実施した。

第7章で詳述するが，復興段階では「成果コントロールの使用が困難であり」，「文化コントロールが成果コントロールを代替する」，さらに「平常時に戻ると文化コントロールから成果コントロールに戻る」ということがわかった。

4 本書の構成

本章に続く第2章では，クライシスマネジメントの先行研究を詳細に検討する。ここでは，クライシスとクライシスマネジメントの定義を確認する。その際，地震がどのような特徴をもったクライシスであるかについて検討をする。さらに，本書の研究目的に適合したクライシスマネジメントのフレームワークについてレビューを行う。そして，企業においてどのようにクライシスマネジメントが実施されてきたかについて先行研究をレビューし，その実態を明らかにする。そのうえで，これまでのクライシスマネジメントの成果と問題点について確認を行う。第3章では，震災において想定される復旧/復興活動に注目し，クライシスマネジメントにおける伝統的マネジメント・コントロールの有用性について理論的裏付けをもって示唆する。さらにMerchant and Van der Stede（2007）のフレームワークを用いて，不確実な環境におけるマネジメント・コントロールについて言及する。そこで2つの研究課題を解明するための

5つの具体的な設問を導出する。

第4章では，調査デザインに関するディスカッションを行い，研究課題の解明にふさわしい研究方法を選定する。

第5章，第6章の目的は，第1の研究課題を解明することである。そのために2つの具体的な設問，すなわち「震災復興段階において成果コントロールは使用されたのか」，「震災復興段階において成果コントロールの使用方法は平常時と異なるか」を解明する。第5章ではまず，被災企業2社での定性的なパイロット調査の結果を提示する。第6章では，パイロット調査の結果を反映した質問票の概要および大規模質問票調査の調査結果を示す。また，この章の最後では，パイロット調査，大規模質問票調査の結果をもとに，各設問の分析を行う。

第7章の目的は，第2の研究課題の解明である。すなわち，3つの具体的な設問，「震災復興段階では，成果コントロールの使用が困難になるか」，「震災復興段階では，成果コントロールは文化コントロールの使用で補完されたか」，「平常時に戻ると，マネジメント・コントロールはどのようになるか」の解明となる。ここでは，オムロンでの定性的調査の結果を示した後に，設問ごとに分析を行う。

第8章では，要約，本書の貢献と限界を述べたのち，今後の検討課題を述べる。

◆注
1 質問票は2011年7月1日を期日として，資本金10億円以上の民間法人企業（ただし，農業，林業，金融保険業は除く）を対象に実施。対象会社数3,302社に対し，1,464社から回答を得ている（有効回答率44.3％）。日本政策投資銀行産業調査部設備投資調査担当（2011），pp.65-75。
2 本書で用いる「クライシス（crisis）」および「クライシスマネジメント（crisis management）」の日本語訳は「危機」と「危機管理」であり，同義である。
3 詳細は後述するが，Merchant and Van der Stede（2007）はコントロールの対象に着目し，アクションコントロール，成果コントロール，人・文化コントロールの3つに分類している。これらのうち，不確実な環境においては，アクション

コントロールは有効でないとしているため，ここでは成果コントロールと文化コントロールの2つのコントロールをとり上げている。
4 本書においては，これら2つのコントロールの関係を「補完」と「代替」という用語を用いて説明する。ここでいう「補完」，「代替」という用語は，経済学用語ではなく，一般的に使われている意味である。すなわち「補完」とは「不十分な部分を補って，完全なものにすること」であり，「代替」とは「ほかのもので代えること」である。

第2章

クライシスマネジメントの現状把握

1 はじめに

第1章で述べたとおり，本書の研究課題は，次の2点である。

- ◆ 震災復興におけるマネジメント・コントロールの実態を把握すること
- ◆ 震災復興における優れたマネジメント・コントロールを解明すること

しかし，このような漠然とした研究課題だけでは，分析の焦点が定まらない。これらの研究課題を解決するために，より具体的な問いを提示する必要がある。

そこで，研究課題を解決するための具体的な設問を導出するための手続として，最初に本章でクライシスマネジメントについての文献調査を実施することによって，震災復興段階に被災企業がどのような対応を行っているのかという実態を明らかにする。そして，現状のクライシスマネジメントの成果と問題点を明示する。

それを受けて次章では，マネジメント・コントロールの研究についてレビューする。既存のマネジメント・コントロール研究は，震災復興段階のマネジメント・コントロールについて直接取り扱っているわけではないが，何を分析すればよいかを示してくれる。なお，本研究は，論理実証型研究のように先行研究をレビューして抽象度の高い仮説を演繹的に導出し，それらを実証的に

検証しようとしているわけではない。

　本書において挑戦しようとしている震災復興とマネジメント・コントロールの研究はこれまでまったくといっていいほど手のつけられていない研究領域である。一方で，震災などのクライシスに対して企業はどのように対応すればよいのか，という問いに対してクライシスマネジメントの研究が行われてきた。そこで，まず，クライシスマネジメントの先行研究のレビューを行うことによって，震災復興段階において企業がどのような対応を行っているのか，その実態を明らかにする。

　では，そもそもクライシスとはいったいどのような出来事を指すのであろうか。この点について明らかにしなければ，クライシスマネジメントについて検討することはできない。また，本書において着目する地震というクライシスはどのような特徴があるだろうか。本章においては，まずクライシスおよびクライシスマネジメントについて定義を確認し，クライシスマネジメントのフレームワークについて検討を行う。さらに，本書で採用したフレームワークに基づき，クライシスマネジメントの実態を把握し，これまでのクライシスマネジメントの成果と問題点を指摘する。

2　クライシスの定義と主要なクライシス

　クライシスマネジメントの定義を行う前に，クライシスについての定義を確認する。ここでは，クライシスの定義を確認した後，どういったものがクライシスに該当するかについて検討し，地震がクライシスに含まれることを確認する。なぜなら，本書の研究目的には，震災からの復旧/復興活動に着目することが含まれるからである。

　まず，Mitroff（2001）は，「あえて暫定的な定義を行うとすれば，危機とは『組織全体に影響するか，その可能性がある出来事』である。したがって影響が組織の小さな隔離された部分にしか及ばないなら，それは危機とはいえない。

重大な危機とは人命，資産，収益，社会的評価，健全性に大きな衝撃を与えるものを指す。その場合，それらの1つが危機にさらされるのではなく，いくつかが同時に影響を受けることが多い。それゆえ，重大な危機はその組織の壁の中にとどめておくことができない」としている（同上書，p.58）。さらに，Harmann（1972）によると，「クライシスとは，意思決定集団の最優先目標を脅かし，意思決定が下される前に対処時間を制限し，発生によって意思決定集団のメンバーを脅かすものである」としたうえで，クライシスにおいては，「時間的圧力と高度で不確実な環境のもとで重要な意思決定が必要」としている（ibid., p.13）。

以上より，本書においてクライシスを，「時間的圧力と高度で不確実な環境のもと重要な意思決定を必要とし，組織全体に非常に大きな被害を与える出来事」と定義する。

では，実際にどのような出来事がクライシスといえるのかについて検討を行う。

Mitroff（2001）によると，企業において想定される主要なクライシスは**図表2-1**に示すとおり，①経営に関する危機，②情報に関する危機，③工場・設備に関する危機，④人材に関する危機，⑤信用に関する危機，⑥反社会行為に関する危機，⑦自然災害に関する危機，という7つのカテゴリーに分類できるとしている。

これら7つのカテゴリーのクライシスは，いずれも，時間的圧力と高度で不確実な環境のもと重要な意思決定を必要とし，組織全体に非常に大きな被害を与える出来事というクライシスの定義を充足しており，さらに地理的要件や，業種，企業規模にかかわらず，どのような企業においても発生しうるものである。しかし，個別にみていくと，その発生要因や影響範囲は異なってくる。

本書の研究対象となる地震は，自然災害に関する危機にカテゴライズされているが，自然災害に関する危機は，発生頻度の差はあるものの，まさに世界中の企業が直面する可能性のあるクライシスである。自然災害の発生要因は他のクライシスと異なり，企業内部から発生するものではない。また，さらに発生

図表2-1 主要なクライシス

カテゴリー	クライシスの種類
①経営に関する危機	労働ストライキ 不安定な労使関係 労働力不足 株価の下落・変動 市場の崩壊 収益の低下
②情報に関する危機	重要・機密情報の漏洩 にせ情報 データの改ざん 顧客, 仕入先に関するコンピュータ情報の喪失
③工場・設備に関する危機	主要な設備・工場・原料供給ルートの損傷 主要工場・設備の操業停止 主力工場の崩壊
④人材に関する危機	主要経営幹部の離反 主要スタッフの離反 無断欠勤の増加 不法行為や事故の増加 職場での暴力
⑤信用に関する危機	中傷 ゴシップ 悪意のジョーク 信用失墜 会社ロゴの変造
⑥反社会行為に関する危機	製品へのいたずら 誘拐 人質をとった脅迫 テロリズム
⑦自然災害に関する危機	地震 火災 洪水 噴火 台風

出典：Mitroff（2001, pp.56-57）を参考に筆者が作成。

の予測をすることが極めて困難であり, 発生した場合には, その被害の範囲は一企業のみならず, 広範囲に広がり, 企業を取り巻く環境に大きな影響を及ぼ

す。つまり，その被害は自社のみならず，主要取引先，顧客といったステークホルダーまで影響する。現代の企業活動，経済活動は広範囲にわたるため，自己完結型の経済は少なくなっているといえる。その結果，自社の損失が軽微であったとしても，主要取引先の喪失や交通手段の断絶による原材料の納入の停止という，サプライチェーンの寸断や，顧客の喪失，消費マインドの悪化などによる収益の減少を招く。

　さらに，地震について着目すると，次のような特徴がある。まず，発生直後においては，設備等の有形固定資産の被害状況，従業員の安否情報，取引先や顧客の被害状況などの情報といった経営資源に関する情報だけでなく，社会全体の被害規模や2次災害の発生状況などの情報が欠如し混乱を招くことがあげられる（盛和塾，1996)[1]。そののち，しだいに混乱は収束し，情報や物資の入手が可能となる（佐々木，2011）。つまり，地震の発生による情報の混乱は，最初大きく混乱し段階的に復旧されてくる。さらに，ひょうご経済研究所が阪神・淡路大震災の被災企業に対して行った調査から，震災からの復興活動は長期化することが示されている[2]。そして，復興には投資が必要であることも重要な特徴である。日本政策投資銀行の調査[3]によれば，回答企業292社の東日本大震災にかかる震災復旧/復興投資総額は2,033億円にのぼり，2010年度実績163億円，2011年度計画1,807億円，2012年度計画63億円となっている。このように，震災においては，多額の追加投資が必要であることがわかる。

　以上より，地震というクライシスは，①情報の混乱は，最初大きく混乱し段階的に復旧されてくること，②復興までの期間が長期化すること，③多額の投資が必要であることの3点が特徴づけられる。

3　クライシスマネジメントの定義

　前節において，クライシスについての定義を明確にし，本書の研究対象である地震がどのような特徴をもつクライシスであるかについて検討を行った。こ

こでは，クライシスマネジメントの定義を確認する。クライシスマネジメントの定義は，論者によって若干異なるが，本節でそれらの定義を概観する目的は，各論者の定義の是非を検討するためではない。ここでは，クライシスマネジメントに対する読者の解釈を混乱させないようにするためのガイドを提示することを目的としている。そのため以下では，食い違いの部分を厳密に討議してクライシスマネジメントの十分条件を抽出するのではなく，最低限満たすべき必要条件に注目し，暫定的な定義を定めることにする。

そもそも，クライシスマネジメント（Crisis Management）とは，1962年のキューバ危機に端を発している。キューバ危機において，アメリカとソ連が戦争状態に突入するという状態を回避した，その一連の行動をクライシスマネジメントという言葉で捉えたものといわれている。はじめは軍事あるいは国家安全保障関係の用語であったが，その後，他分野でも意味を拡張して使用されるようになった。このクライシスマネジメントという言葉が最初に企業に使用された事件は，後述する1982年に起きたジョンソン＆ジョンソン社のタイレノール事件である

大泉（2002）によると，危機管理は，常に最悪の事態を想定し，危機が発生しないように予防・防止のための計画が立案され，訓練される「クライシスコントロール」と，万一，危機（非常事態）が発生した場合，人的および経済的な損失を最小限に食い止めるための狭義の「クライシスマネジメント」から構成される。

さらに，大泉（2002）は，「危機管理とは，時と場合を選ばず思わぬ形で発生する緊急事態（emergency）を予知，予防することであり，万一発生しても，すばやい対応で被害を最小限にとどめること」とし，これらの危機に対して，「起きてから対処するのではなく，積極的にこの問題に取り組んで，未然に危機を防ぐ手段を講じる必要がある」と述べている（同上書，p.44）。

また，亀井（2001）は，「リスクマネジメントはリスク一般を対象とするのに対し，危機管理は異常性の強い巨大災害，持続性の強い偶発事故，政治的・経済的あるいは社会的な難局などを対象とする」としている（同上書，p.7）。

このように，クライシスマネジメントには多義性があり，かつ，クライシスコントロールやリスクマネジメントと混用されることが多い。また，これらの違いについても，論者によって異なることが多い。そこで，宮林（2005）に従って，**図表2-2**にクライシスマネジメントおよび，類似用語の使用方法を整理する[4]。

図表2-2 クライシスマネジメントと類義語

使用用途	用語
危機管理全般	Crisis management
	Risk management
危機発生前に可能性を低減すること	Risk management
	Risk control
危機への備え	Crisis preparedness
	Contingency planning
危機が発生したときの対応	Crisis management
	Emergency management
危機を拡大させない対応	Crisis control

出典：宮林（2005, p.14）を参考に筆者が作成。

これによると，クライシスマネジメントとリスクマネジメントは危機管理全般という意味があるだけでなく，「事前の対策」としてリスクマネジメント，「事後の対応」としてクライシスマネジメントという用語が狭義で使用されることがわかる。一般的にはリスクマネジメントにおいては，危機事態の発生を予防するためのリスクの分析方法等が概念の中心であり[5]，クライシスマネジメントにおいては，危機事態の発生後の対処方法に関する点に注目されることが多い。さらに，大泉（2002）ではクライシスコントロールは「事前の対策」としての危機発生の予防活動として扱われているが，宮内（2005）においては「事後の対策」としての危機を拡大させない対応として扱われている。このように，クライシスマネジメント，クライシスコントロール，リスクマネジメントには多義性があることがわかる。

本書では，クライシスに対する企業の対応行動を包括的に捉えるために，

「事前の対応」と「事後の対応」をどちらも対象とした広義の「クライシスマネジメント」という用語を採用することとした。そのうえで，本書では，「クライシスマネジメントとは，クライシスが発生する可能性を低くするとともに，クライシスに備えて必要な措置をとり，クライシスが発生した場合には，それによる被害を最小限にする一連の管理手法」と定義する。

4 クライシスマネジメントのフレームワーク

クライシスマネジメントは，クライシスの発生に対して「事前の対策」と「事後の対応」を対象にしていると定義した。ここでは，Mitroff（1988）のクライシスマネジメントのフレームワークを用いて，クライシスマネジメントの各段階においてどのような対応が必要となるかについて検討を行う。

なお，本書においてMitroff（1988）のフレームワークを採用した理由は，以下のとおりである。まず，クライシスマネジメントを段階的に捉えていること。これは，先に述べた地震というクライシスの特徴でもある地震発生後の段階的な復旧/復興活動を検討するのに，適合的である。そして，クライシスの発生に対して「事前の対策」と「事後の対策」を含んだ包括的なフレームワークであり，本書のクライシスマネジメントの定義に合致するためである。また，包括的なフレームワークであるため，次節において検討するクライシスマネジメントの実態を把握するのに適しているからである。

Mitroff（1988）のクライシスマネジメントのフレームワークを**図表2-3**に示す。Mitroff（1988）によると，効率的なクライシスマネジメントは，①前兆（シグナル）の発見（Signal Detection）→②準備・予防（Preparation & Prevention）→③封じ込め/ダメージの防止（Containment Damage Limited）→④平常への復帰（Recover）→⑤学習（Learning）という5段階を経ることが望ましいとされている。

図表2-3 クライシスマネジメントの5段階

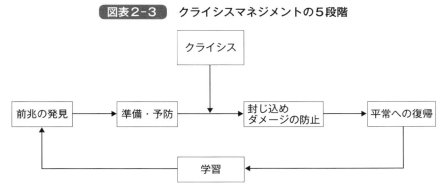

出典：Mitroff（1988, p.105）・大泉（2002, p.45）より一部筆者修正。

　「前兆の発見」および「準備・予防」の段階では，事前対応行動がとられる。もし，適切な行動がとられていれば，こうした対応行動によって危機を初期段階で食い止めることができる。「封じ込め／ダメージの防止」，「平常への復帰」の段階では，クライシスが発生したのちの行動となるが，被害を食い止め，復旧活動を行うなど早急な対応行動がとられる。さらに「学習」という段階では，クライシスはほとんど終了しており，対応行動はほとんどとられることはない。クライシスの経験を認識し，今後のクライシスマネジメントの対応計画に活かす段階である。これらの各段階において，適切に対応することによって，クライシスを克服することができる。そして，大泉（2002）では，以下のようにクライシスマネジメントの5段階の各段階について解説をしている。

① 前兆（シグナル）の発見
　過去に発生したさまざまな災害を見てみると，クライシスが発生するのには早いうちから何らかの警告信号，また前兆，告知等が見られる。もし，こうしたシグナルが取り上げられなければクライシスは拡大することが想定される。クライシスは通常はゆっくりと発展していく場合が多い。発展段階の初期に前兆（シグナル）を捉えることができれば，それだけ問題を解決できる可能性が高くなる。一方で，前兆を見逃したり，無視したり，さらに発見しようとする努力を怠れば，組織活動に影響が出始めるまで，クライシスの発生を捉えることは不可能となる。往々にしてクライシスの前兆は，一般的な事象であること

が多い。なお，自然災害においては，前兆を発見することは極めて困難である。
② 準備と予防
　クライシスを避けるには，組織のテスト，予防措置，対応メカニズムが必要である。未だ起こっていないことに対し，予防を行うのは困難である。予防段階での目的は，対応行動を取る前に，組織の弱点を見極めることである。また，クライシスの最中に，何の準備もなしに効果的で落ち着いた行動をとれる者は少ないだろう。準備段階では，さまざまなシナリオとクライシスを想定した一連の行動の十分なテストが必要となる。
③　封じ込め/ダメージの防止
　ここでは，被害の拡大を防ぎ，組織のうち影響を受けていない部分が巻き込まれないようにするための被害抑制を促進することである。この段階のクライシスマネジメントは，発生した事故の種類と関連性が高いという特徴がある。
④　平常への復帰
　この段階では，復旧における短期的および長期的な方策の立案とテストを行う。有形または無形の資産の失ったものを元通りにすることがこれに含まれる。
⑤　学習
　危機管理の最終段階として，継続的な学習および過去において何を行ったかについて改善をするための再評価を行う。この段階の注意点は，発生した危機は偶発的なものであったと解釈してしまい，教訓を次に活かすことのできない学習を行ってしまうことである。

　Mitroff（2001）は，このフレームワークに沿ってクライシスマネジメントを各段階において適切に行えば，重大なクライシスの期間を短くしたり，被害を小さくしたりすることができ，クライシスに備えている企業は，そうでない企業に比べてより早くクライシスから回復できるばかりでなく，被害も軽減できるといっている。
　以上，Mitroff（1988）のフレームワークを概観したが，まとめると次の2つの特徴がある。つまり，クライシスマネジメントを段階的に捉えていること，クライシスの発生に対して「事前の対策」と「事後の対策」を含んだ包括的なフレームワークであることである。これらの特徴は，企業が取り組む実際のクライシスマネジメントの手法が，どの段階に対応しており，どの段階に対応し

ていないかを明確にすることができる。

　最後に，これまでの議論から，クライシスマネジメントの5段階において，クライシスマネジメントが適切に実施された場合に想定される成果は，**図表2-4**に整理される。このように，クライシスマネジメントを5つの段階で検討することによって，各段階において適切なクライシスマネジメントから得られる成果は異なることがわかった。さらに，クライシスマネジメントは3つの成果，すなわち，クライシスの発生防止，クライシスによる被害の軽減，クライシス発生前の状態に戻すことを目的として実施されていることがわかった。各段階における目的が異なるため，クライシスマネジメントにおいては，各段階それぞれに対応行動をとらなければ望んだ成果を得ることができない。よって，次節において，実際に企業においては，どのようなクライシスマネジメントが実施されているか，その実態についてみていく。

図表2-4　クライシスマネジメントの5段階において想定される成果

クライシスマネジメントの5段階	想定される成果
前兆の発見	A．クライシスの発生防止 B．クライシスによる被害の軽減
準備・予防	B．クライシスによる被害の軽減
封じ込め/ダメージの防止	B．クライシスによる被害の軽減
平常への復帰	C．クライシス発生前の状態に戻す
学習	A．クライシスの発生防止 B．クライシスによる被害の軽減

5　クライシスマネジメントの実態

　亀井（2001）は，現在のクライシスマネジメントの研究に対して，「多くの理論的，実用的，常識的な解説，論文，著書などが登場しているが，そこにみられる説明や主張は千差万別で，単なる評論家的思いつき論，『誰それが悪い，なになにが欠如しているからダメだった』式の批判論，アメリカではどうだった式の外国事情や外国文献の紹介編，現実を無視した評論などが多い」と批判

している（同上書，p.4）。

そこで，本節においては，ビジネス書やビジネス誌も含めて，これまでクライシスマネジメントの手法として，どのようなことが実施されてきたかについて，レビューを行う。また，各クライシスマネジメントの手法について，Mitroff（1988）のフレームワークのどの段階，すなわち前兆の発見，準備・予防，封じ込め/ダメージの防止，平常への復帰，学習のどの段階において有用であるかを検討する。このことにより，現在実施されているクライシスマネジメントが，これらの段階を網羅しているかどうかを知ることができる。

5.1 危機管理計画

大泉（2002）は，「組織がある危機に直面した際に，直ちに適切な行動をとるために必要なことは，組織のトップが危機管理の必要性を社内に浸透させたうえで，実効性のある危機管理計画を策定することである」と述べている（同上書，p.76）。

それでは，危機管理計画というものがどのような内容で，どのようなプロセスにより策定されるかをみてみることにする。

まず，危機管理計画は，「潜在的危機の発見・評価」，「緊急事態に対応するための組織化」，「実行計画の策定」，「教育・訓練」というプロセスからなっている。実際の計画は，不測事態の規模や事業内容，地域性といった条件に応じて立案しなければならない。そのため，ここでは，大泉（2002）の提案する危機管理計画の骨格について記載する。

危機管理計画の骨格は，次の10本の柱から構成される（同上書，pp.77-81）。

① 危機の発見・評価
　組織が直面するリスクには，テロリズム，自然災害，工場事故などさまざまなものがある。そのうち，自分の組織は，どのリスクにどの程度さらされているのかを評価し，どのリスクに対して計画を作成するのかを決めなければならない。
② 仮説の設定と方針の決定

そして，リスク別にどのような事態が発生するか，具体的に仮説を立てる。発生する危機によって，想定される被害や対策は異なる。細かい点まで考慮して仮説を立て，どのような方針で臨むかを決定する。

③ 危機対応組織の設定

次に，危機対応組織の構成を決めなければならない。欧米の組織は一般的に，情報を収集して全体を指揮する危機管理対策チームを置く。ここに，ⓐ対外発表を行う広報，ⓑ活動資金の調達・提供を行う財務，ⓒ人員配備を行い，行政，コンサルタントとの窓口を務める総務・管理，ⓓ法務などの担当を置き，チームリーダーを補佐する。さらに，この下に緊急オペレーションセンターという実行部隊を設置することが多い。この組織は，通信，輸送，情報収集・管理，医療といったチームからなる。実行部隊の構成や規模は，危機の種類や被害の大きさによって変わる。

④ 責任者とチームメンバーの任命

次に，各組織に責任者と担当者を割り当てる。この際，重要なのは，各チームの責任者に誰がなるかを決め，それを明記することである。責任体制が不在，あるいはあいまいなままでは，いざ危機が発生した時に，素早い意思決定ができないことが多い。

⑤ 情報伝達・指揮命令系統の確認

基本的に指揮者と現場との直接連絡であるが，もし間に何らかの部署を経由するとしても，情報伝達方法や指揮命令系統を明確にしておかなければならない。

⑥ 法律面による制約の確認

一定の方針を立てて危機対応をしようとしても，法律や規制の壁のために不可能な場合がある。このような法的規制が存在するときに，どのように対応するかを，専門家を交えて検討しておく必要がある。

⑦ 各組織の運営プロセス

危機管理対策チーム全体の運営方針と，広報，財務，法務などのスタッフの運営方針を策定する。さらに，緊急オペレーションセンターを構成する，輸送，医療，通信などのチームが，どういった行動をとるかというプロセスを具体的に立案する。

⑧ 教育・訓練

危機管理計画を実行するために，教育・訓練をする必要がある。訓練は，最悪の事態を想定した条件のもとで，専門家の指導を受けながら行わなければならない。実際の危機に近い状況での訓練を繰り返すことによって，危機発生時に冷静に対応がとれるようになる。

また，訓練は，危機管理計画の有効性を検証するためにも必要である。危機管理計画を策定しただけでは，想定どおりに担当者が動き，情報伝達・指揮命令系統が機能するかどうかはわからないからである。
⑨　計画のメンテナンス
　訓練の結果から計画をフィードバックしたものを反映するだけでなく，環境の変化に適応した見直しが必要である。
⑩　計画へのフィードバック
　訓練の結果からのフィードバックだけでなく，実際に危機が発生した場合において，危機管理計画の有効性，手順の正確さ，スタッフの業務遂行状況などを分析対象として，事前の対策がどの程度効果的であったかを評価しなければならない。

　以上のような骨格からなる危機管理計画は，Mitroff（1988）のフレームワークにおいて，どの段階で有用であろうか。まず，危機管理計画は，どのようなリスクにどの程度さらされているかを評価するため，危機の「前兆の発見」に有用である。次に，「準備・予防」においても，危機管理計画に基づき訓練を行うため有用である。「封じ込め/ダメージの防止」については，危機管理計画には危機管理対応チームを設置することが織り込まれており，危機管理対応チームが有効に機能した場合は，有用性が発揮される。よって，危機管理計画では「封じ込め/ダメージの防止」において一定の有用性が見られる。また，計画のメンテナンスおよびフィードバックを行うことによって，「学習」においては有用性がある。しかしながら，「平常への復帰」においては，危機管理計画は有用性を確認できない。

　以上から，危機管理計画はクライシスマネジメントのフレームワークにおける各段階に対して，**図表2-5**のように対応することがわかった。

5.2　危機対応マニュアル

　危機対応マニュアルは，実際に危機が起きたときの緊急対応行動を規定しているものである。大泉（2002）によると，危機対応マニュアルでは現場視点で詳細な行動計画が規定されている。よって，危機対応マニュアルには，各担当

図表2-5　危機管理計画とフレームワークの対比

	クライシスマネジメントの5段階				
	前兆の発見	準備・予防	封じ込め/ダメージの防止	平常への復帰	学習
危機管理計画	○	○	△	×	○

○：対応している，△：やや対応している，×：対応していない

者の責任を明確にしたうえで，誰が，いつ，どのような行動をとるのかが明示されるとともに，危機管理チームの編成，情報の収集・伝達のプロセス，行動手順などが記載されている。具体的には，危機管理チームの連絡網の作成，連絡内容を書き込む緊急連絡シートや行動チェックリストの準備などがマニュアルに盛り込まれている。

危機対応マニュアルは，マニュアルに従って教育・訓練を行うことによって，危機による被害の軽減という目的を達成でき，「準備・予防」において有用である。さらに，危機対応マニュアルの特筆すべき点は，現場レベルの視点で作成された実践的なマニュアルであるため，「封じ込め/ダメージの防止」において役立つ点である。一方で，危機対応マニュアルには，「前兆の発見」や「平常への復帰」，「学習」における行動手順は記載されていないため，有用性はみられない。

このことから，危機対応マニュアルは，クライシスマネジメントのフレームワークの各段階おいて，**図表2-6**のように対応することがわかった。

図表2-6　危機対応マニュアルとフレームワークの対比

	クライシスマネジメントの5段階				
	前兆の発見	準備・予防	封じ込め/ダメージの防止	平常への復帰	学習
危機対応マニュアル	×	○	○	×	×

○：対応している，△：やや対応している，×：対応していない

5.3 BCP (Business Continuity Plan：事業継続計画)

　最後に，近年，クライシスマネジメントの手法として注目されている，BCPについてみていきたい。BCPとは，一般的に企業が自然災害，大火災，テロ攻撃などの緊急事態に遭遇した場合において，事業資産の損害を最小限にとどめつつ，中核となる事業の継続あるいは早期復旧を可能とするために，平常時に行うべき活動や緊急時における事業継続のための方法，手段などを取り決めておく計画のことである。中小企業庁によると，BCPの特徴は，①優先して継続・復旧すべき中核事業を特定する，②緊急時における中核事業の目標復旧時間を定めておく，③緊急時に提供できるサービスのレベルについて顧客と予め協議しておく，④事業拠点や生産設備，仕入品調達等の代替策を用意しておく，⑤すべての従業員と事業継続についてコミュニケーションを図っておくこと，としている。

　企業が緊急事態に遭遇すると操業率が大きく落ち，何も備えを行っていない企業では，事業の復旧が大きく遅れて事業の縮小を余儀なくされたり，復旧できずに廃業に追い込まれたりするおそれがある。それに対して，BCPを導入することによって，緊急時でも中核事業を維持・早期復旧することが期待できるとされる。

　BCPは2000年ごろから導入され，日本においては2005年7月に内閣府「事業継続ガイドライン」策定に至り，その歴史は浅い。よって，導入している企業もまだ少なく，企業の導入事例の紹介などは，ビジネス書やビジネス誌などで紹介されているだけで，その有用性について検証した研究はない[6]。東日本大震災におけるBCPの成功事例としては，富士通グループでデスクトップPCを生産している富士通アイソテック株式会社（福島県伊達市）がある[7]。「福島工場が被災した場合は島根工場で代替生産する」という内容が，富士通グループのPC事業のBCPに盛り込まれており，震災2日後には生産移管を決定し，10日後には島根工場で生産を開始することができた。

　しかしながら，佐々木（2012）は，BCPの復旧目標が被災前の平常時以下の

復帰レベルを想定しており，クライシスマネジメントのフレームワークで示される「平常への復帰」とは大きな乖離があると指摘している。

このように，BCPは優先して継続・復旧すべき中核事業を特定し，危機発生時に中核事業の目標復旧時間を定めておくことや，事業拠点や生産設備，仕入品調達等の代替策を用意しておくといった，クライシスによる被害の軽減を目的としているため，「準備・予防」と「封じ込め/ダメージの防止」に有用である。一方で，「前兆の発見」，「平常への復帰」，「学習」においては，有用であるとはいえない。よって，**図表2-7**のように表される。

図表2-7 BCPとフレームワークの対比

	クライシスマネジメントの5段階				
	前兆の発見	準備・予防	封じ込め/ダメージの防止	平常への復帰	学習
BCP	×	○	○	×	×

○：対応している，△：やや対応している，×：対応していない

6 これまでのクライシスマネジメントの成果と問題点

ここでは，これまでのクライシスマネジメントの成果と問題点を指摘する。それは，本書の研究の方向性を考えるという作業である。

まず，クライシスマネジメントの概念とその実態を概観してきたが，亀井（2001）が批判したように，クライシスマネジメントの研究においては，規範的な議論や事例紹介からの考察など，理論に基づいた研究がほとんどないことがわかった。さらに，クライシスマネジメントの実態に関して文献調査した結果，その有用性をMitroff（1988）のフレームワークに従って整理すると，**図表2-8**のようになることがわかった。

図表2-8から，クライシスマネジメントの5段階において，今まで実施されてきたクライシスマネジメントでは準備・予防と封じ込め/ダメージの防止に偏っており，それ以外の段階は検討対象外であることが判明した。Mitroff

図表2-8 クライシスマネジメントの実態とフレームワークの対比

	クライシスマネジメントの5段階				
	前兆の発見	準備・予防	封じ込め/ダメージの防止	平常への復帰	学習
危機管理計画	○	○	△	×	○
危機対応マニュアル	×	○	○	×	×
BCP	×	○	○	×	×

○:対応している, △:やや対応している, ×:対応していない

(1988)はクライシスマネジメントの5段階というフレームワークを提示し,各段階を適切に取り組むことが重要であると提言しているにもかかわらず,既存のクライシスマネジメントでは平常への復帰段階の検討がなされていないことがわかった。つまり,これまでのクライシスマネジメントの成果としては,これらの手法を用いて,前兆の発見や学習に対応することで,クライシスを未然に防ぐことに取り組み,準備・予防や封じ込め/ダメージの防止に対応することで,クライシスの被害を軽減することに取り組んできた。しかし,問題点として,平常への復帰への対応が乏しいため,クライシス発生前の状態に戻すことに対して,このままでは成果が望めないことがわかった。それでは,平常への復帰において,一体どのような対応を行えばよいのだろうか。

　まず,平常への復帰に想定される経営課題について,検討を行う。平常への復帰においては,緊急的な資金繰りの手当てや全社戦略の見直しを行わなければならないなど,戦略策定と実施の再考が必要となった。そして,いつまでに,どのようにしてクライシス以前の状態に戻すかという長期的な復興計画,地震というクライシスの場合,喪失した設備を再建する大型投資案件への対応,さらには,クライシス発生後の復旧/復興の程度を把握するための業績管理が必要性となる。

　本来ならば,企業の経済活動を貨幣計数的に表現することを通じて,経営者の意思決定に有用な情報を提供する役割を担う会計を通じて,企業のトップは平常への復帰においてさまざまな意思決定を行っているはずである。さらに,

クライシス発生後の不確実性は高くなり，計画の必要性はより高まってくるだろう。また，復旧/復興活動に努力している組織の評価を適切に行うことによって，組織の行動一致を促し，復旧/復興を果たすという組織目標の達成につながる。つまり，戦略実現の手段としてマネジメント・コントロールがある。しかしながら，クライシスマネジメントにおいては，この平常への復帰段階におけるマネジメント・コントロールについてほとんど言及されていない。

以下に「平常への復帰」段階におけるマネジメント・コントロールについて検討された具体的な事例を示す。それは，Mitroff（2001）によって紹介された，ベネトン・トルコを襲ったボイコット運動におけるクライシスマネジメントの事例である。

クルド人の部族によってトルコ人が3万人虐殺された事件が発生した数年後，そのクルド人の部族リーダーがイタリア共産党に保護された。トルコ政府が部族リーダーを引き渡すようイタリア政府に要求したが，イタリア政府はトルコ政府が彼を死刑にしようとしていることに断固反対して，引渡しを拒否した。それを受けて，トルコ国内では，多数のトルコ人による反イタリアのデモ運動が勃発し，イタリアの商店や商品，ベネトンやフェラーリのボイコット運動が起こった。

このとき，ベネトンの現地法人では，役員たちが店長たちへの変わらぬサポートを表明するために，この危機の間は通常の財務上の要求事項は特に求めないことを決定した。トルコ国内の店舗の収入はボイコット運動のため急激に落ち込んでいたが，各店は売上目標を免除されることとなった。そして，このことによって各店長と最高幹部との間に信頼と友情が芽生えた，と考察している。

しかし，残念ながら，これだけでは，平常への復帰段階におけるマネジメント・コントロールについて明らかになったとはいえない。なぜなら，この事例がベネトン・イタリアにおいてのみ通用された特異のものであるか，それとも一般化されるものであるかがわからない。さらにこの事例研究は考察だけにとどまり，理論に基づいた分析を行っていない[8]。

7　おわりに

　以上，クライシスマネジメントについて文献レビューをすることによって，これまでのクライシスマネジメントの成果と問題点について明らかにした。
　つまり，これまでのクライシスマネジメントの成果は，Mitroff (1988) のフレームワークにおける「前兆の発見」や「学習」に対応することで，クライシスを未然に防ぎ，「準備・予防」や「封じ込め/ダメージの防止」に対応することで，クライシスの被害を軽減することであった。しかし，問題点として「平常への復帰」の対応についての検討が乏しいことがわかった。クライシスの発生によって，既存の戦略が実現不可能になったり，戦略の変更が必要になるにもかかわらず，クライシスマネジメントにおいては，平常への復帰段階におけるマネジメント・コントロールについてほとんど言及されていない。そのなかで，ベネトン・トルコの事例があったが，あくまで発見事実の記載と研究者の私見を述べただけで，既存のマネジメント・コントロール研究の理論に根ざしたものではなかった。そこで，次章において，震災復興段階におけるマネジメント・コントロールを考えるために，伝統的なマネジメント・コントロールの考え方を整理したうえで，Merchant and Van der Stede (2007) のマネジメント・コントロールのフレームワークについてレビューを実施する。そして，研究課題を解決するための具体的な設問の導出を行う。

◆注
1　盛和塾 (1996) には，阪神・淡路大震災発生当時，主に神戸地区に事業所を構える企業の経営者たちによる震災の体験談が掲載されている。経営者たちは，震災発生当初，情報が混乱するなか，正しい情報を早く入手することが困難であったと語っている。
2　財団法人ひょうご経済研究所が2004年にみなと銀行の取引先組織である「みなと会」会員企業の中から，阪神・淡路大震災被災地域10市10町に本社を置く企業808社を対象に実施した「震災10年アンケート」(回収率25.5%) によると，2004年現在の震災からの復興状況について，10割復興を果たしていない (復興以前の状

況に戻っていない）企業は32.0%であった。
3 　質問票は2011年7月1日を期日として，資本金10億円以上の民間法人企業（ただし，農業，林業，金融保険業は除く）を対象に実施。対象会社数3,302社に対し，2,137社から回答を得ている（有効回答率64.7%）。このうち復旧/復興投資額についての設問には292社が有額回答（1百万円以上）を行った（日本政策投資銀行産業調査部設備投資調査担当，2011，p.25）。
4 　この他にも，Pearson and Clair（1998）においてクライシスとクライシスマネジメントの定義の多様性について検討されている。
5 　企業のリスクマネジメントとは，最近まで保険管理を意味していた。その中で企業は保険会社と保険契約を締結することでリスクを移転し，いかにして不慮の事故による多額の損失から企業を守ることに焦点がおかれていた。このことに対して，高尾・山崎（2011，p.125）によると，「従来のリスクマネジメントの議論は，保険を上手く運用していくかに論点がおかれていた」としたうえで，「保険が重要なリスク対応手段であることはいまでも変わりないが，最近ではリスクをより幅広い視点でとらえ，それぞれのリスクに適切な対応をとることが重要になっている」と述べている。
6 　山村（2006）やセコム株式会社（2008）など，BCPの導入事例の紹介や作成指南の書籍は多く存在する。
7 　『日経ビジネス』2011年5月30日号。
8 　この事例研究の問題点としては，考察しか行っていないことだけでなく，リサーチサイトの詳細が明確になっていないこともあげられる。

第3章

分析フレームワーク

1　はじめに

　前章で指摘したとおり，これまでのクライシスマネジメントでは「平常への復帰」という震災復興段階に対する検討がされてこなかった。さらに，震災復興段階においては，緊急的な資金繰りの手当てや全社戦略の見直しを行わなければならないなど，既存の戦略が実施不可能になったり，戦略の再考が必要になったりするにもかかわらず，戦略実施の手段であるマネジメント・コントロールについては，ほとんどふれることがなかった。

　よって，本章ではまず，震災復興におけるマネジメント・コントロールを考えるうえで，理論的背景を整理してみたい。そこから，本書の研究課題を解決するための分析フレームワークとなる「具体的な設問」を特定していく。ここでは，先行研究をもとに分析フレームワークの構築を行うが，クライシスに関連するマネジメント・コントロール研究のすべての文献について網羅的に調査を行っているわけではない。しかしながら，これらの文献レビューで分析フレームワークを構築するのに十分である。

　以下では，伝統的なマネジメント・コントロールにおける主要な構成要素である管理会計ツールに焦点をあてて，復興段階におけるマネジメント・コントロールについて検討を行う。つまり，阪神・淡路大震災や東日本大震災の事例

を用いて，具体的に「設備投資計画」，「中長期経営計画」，「予算管理」という3つの管理会計ツールがどのように実施されたのかについて議論する。さらに，管理会計ツールを中心とした伝統的なマネジメント・コントロールでの考察から前進し，多様なシステムを含むマネジメント・コントロール・パッケージの考え方を用いて考察を行う。ここでは，不確実性とマネジメント・コントロールについて言及をしているMerchant and Van der Stede（2007）のマネジメント・コントロールのフレームワークを用いて議論する。

2　震災復興における伝統的マネジメント・コントロール

マネジメント・コントロールは，戦略実施の手段である。伝統的なマネジメント・コントロール研究は，会計ベースのコントロール，つまり管理会計を対象としてきた（福嶋，2012）。ここでは，伝統的なマネジメント・コントロールの範囲において，震災復興段階のマネジメント・コントロールについて議論したい。つまり，伝統的マネジメント・コントロールの主要な構成要素である「設備投資計画」，「中長期経営計画」，「予算管理」に焦点を当てて，これらが震災復興段階の戦略実施ために有用であることを検討する。

2.1　設備投資計画

段ボールや紙加工品の製造・販売を行うレンゴー株式会社では，東日本大震災において仙台に所在する段ボール事業の東北地方における基幹工場が被害にあった。仙台港に近い現在地での復旧は不可能であると判断したレンゴー株式会社は，震災から18日後の経営幹部会で正式に新たな仙台工場の建設を決定し，4月1日には建設計画を発表した。その総投資額は100億円といわれている[1]。

設備投資計画には次の2点の特徴がある。1点目は，設備投資の意思決定は，個々の投資プロジェクトごとに投資損益を計算することである。2点目として，設備投資の意思決定は投資プロジェクトごとの計算であることから，期間計算

ではなく全体損益を計算することがあげられる。そして，これまでの管理会計のテキストでは，この設備投資計画の評価をどのように行うかについて，技法間の優劣について議論してきた。そこでは，キャッシュ・フローや時間価値，財務的配慮，それに，経済性や収益性に対する考察が重要であるとしてきた。

震災においては，保有する設備を同時に大量に喪失する場合が想定される。そういった場合，まず失った設備をもとに戻し，一刻も早く操業を行わなければ事業継続が不可能となってしまう。また，被災をきっかけに，設備を現状復旧するだけでなく，最新の高性能の設備に置き換えることもある（盛和塾，1996）。このように，クライシスマネジメントの「平常への復帰」においては，設備投資計画の重要性は自明である。クライシスマネジメントのフレームワークと対比すると，**図表3-1**のようになる。

図表3-1　設備投資計画とフレームワークの対比

	クライシスマネジメントの5段階				
	前兆の発見	準備・予防	封じ込め/ダメージの防止	平常への復帰	学習
設備投資計画	×	×	×	○	×

○：対応している，　△：やや対応している，　×：対応していない

一方で，設備投資計画はさまざまなデータを収集し，十分な経済性評価を行ったうえで，合理的でかつ有効な意思決定をしなければならないにもかかわらず，レンゴー株式会社の事例では，通常では考えられないほどの短期間のうちに設備投資計画を策定し，意思決定がなされている。つまり，計画策定時に限られた情報で，将来の不確実性が極めて高い状況で，しかも驚くほど短期間に将来予測を行ったことが推測できる。これまで平常時において会計担当者は，じっくりと時間をかけ，複雑な経済性評価技法を用いてより精度の高い設備投資計画を入念に策定してきた。しかし，復興時の設備投資計画は，計画策定を行う時間や計画の内容，計画方法が通常とは異なるのではないだろうか。

2.2 中長期経営計画

　財団法人ひょうご経済研究所が2004年に実施した「震災10年アンケート」[2]によると，2004年時点の震災からの復興状況について，10割復興を果たしていない（復興以前の状況に戻っていない）企業は32.0%であり，震災からの復興は長期化することが示されている。

　このような長期的な活動に対応する管理会計のツールとして，中長期経営計画があげられる。中長期経営計画は，通常3年の計画としてもたれる総合計画であり，戦略実施に向けて，3年間の計画期間における長期目標を設定し，戦略実施と長期目標の実現に対してキーとなる戦略課題を洗い出し，長期目標の実現と戦略課題の解決に向けてプロジェクトの代替案を探索・評価・選択し，これを総合するプロセスである。

　なお，中長期経営計画のアウトプットは，長期利益目標に関連して財務的指標に集約される。そのため，中長期経営計画は，3年間の計画を総合的に財務的指標によって表示する一面をもっている。中長期経営計画は，過去の延長線上に計画数値を割り付けるものではない。なぜなら，このような数字合わせでは，戦略実施の役割を中長期経営計画に期待することはできない。

　このほかに中長期経営計画において重要な点として，戦略の実施に向けてプロジェクトに資源を戦略的に配分するために，明示的な長期目標と戦略課題を明示的な指針として設定していくことがあげられる。また，中長期経営計画は不確実性に適応する必要がある。なぜなら，将来を見据えて戦略実施をはかるために中長期経営計画を行うにしても，見通すことのできない将来に対して長期目標の設定と戦略課題の洗い出しを行うことは，資源配分の明示的な指針とならないからである。

　中長期経営計画における不確実性への適応として，中長期経営計画の改訂があげられる。中長期経営計画では，経営環境の変化に迅速に対応することが求められる。経営環境が変化しているにもかかわらず，当初の計画に固執していたのでは，戦略実施に役立たないため，随時，改訂が実施される。つまり，中

長期経営計画には，改訂という要素が含まれるため，突然発生し甚大な被害をもたらす危機の発生においても，これが長期的な活動指針となりうることを示す。

ここで，中長期経営計画と類似する考え方であるプロジェクト・マネジメントとプログラム・マネジメントについて，検討を行いたい。

震災からの復興について，佐々木（2011）は，プロジェクト・マネジメント思考が有効であると示唆している。

そもそもプロジェクト・マネジメントの対象としているプロジェクト活動とは，臨時的でこれまで経験の少ないユニークな非定常活動による価値活動を行うのが特色である（小原，2004）。プロジェクトの基本属性として，「個別性」，「有期性」，「不確実性」の３つがあげられる。「個別性」とは，プロジェクトテーマがすべて１つとして同じではない，あるいは同類であっても条件や状況が異なることを指している。次に，「有期性」とは，プロジェクトには明確な「始まり」と「終わり」があるという属性である。プロジェクトには数日から数年あるいは数十年にわたるものがある。最後に「不確実性」とは，プロジェクトでは経験のないことに挑戦するために，期待どおりの成果を出せないリスクや予知できない危機局面が存在する，という属性である。つまり，プロジェクト活動の３属性は確かに，震災後の復興活動にもあてはまる。よって，このようなプロジェクト活動に対して有用性を発揮する経営手法であるプロジェクト・マネジメントが震災からの復興活動に有効であると考えられる。

さらに，佐々木（2011）は，大規模な被害を受けて復興までに長期間を有し，一企業のみならず地域社会全体の復興ビジョンからも影響を受ける場合には，プログラム・マネジメントが必要である，といっている。

プログラムとは，「全体使命を実現する複数のプロジェクトが有機的に統合された事業」であり，プログラム・マネジメントとは，「全体使命を達成するために，外部企業の変化に対応しながら，柔軟に組織の遂行能力を適応させる実践力」である。プログラム・マネジメントは，単に複数のプロジェクトの集合管理や効率化ではなく，プロジェクト間の相互関係に着目して全体最適より

もたらされるシナジーを積極的に創出しようとするものである。

これらのことより，佐々木（2011）は，復旧/復興活動において「既存の予算単位で対応できない全社横断的なプロジェクトのみならず，今回（東日本大震災を指す）のようなきわめて特殊かつ長期間を要する事態のマネジメントにはプロジェクト・マネジメント単位での活動と，これらを束ねるプログラム・マネジメントの思考が有効となろう」と提言している。

つまり，佐々木（2011）の提言は，プロジェクト・マネジメント，プログラム・マネジメントという言葉こそ違うものの，長期目標の実現と戦略課題の解決に向けてプロジェクトの代替案を探索・評価・選択し，これを総合するプロセスである中長期経営計画が復旧/復興活動において有用であることを示しているといえる。

このように，中長期経営計画は，長期目標を設定し，戦略実施によってその目標を達成するのに有用なツールである。また，不確実性に対応するために，中長期経営計画の改訂が行われているため，不確実性の高い状況にも適している。よって，クライシスマネジメントの平常への復帰段階においては，クライシス以前の状態に戻すという重要な目標を達成するために中長期経営計画は有効であると考えられる。ここで，クライシスマネジメントのフレームワークと対比すると，**図表3-2**のようになる。

図表3-2 中長期経営計画とフレームワークの対比

	クライシスマネジメントの5段階				
	前兆の発見	準備・予防	封じ込め/ダメージの防止	平常への復帰	学習
中長期経営計画	×	×	×	○	×

○：対応している，△：やや対応している，×：対応していない

しかし，震災後に主要設備の喪失などによって，企業存続の危機に陥っている状況において，企業の策定する計画は，長期目標の実現よりも短期的な目標の実現に注力するのではないだろうか。つまり，震災以前には中長期経営計画

を策定していた企業も震災後，いったん，中長期経営計画を放棄するという行動にでることも考えられる。

　もし，中長期経営計画を震災後も継続するならば，不確実性に適応するため，計画の改訂を行う必要があるだろう。しかしながら，震災の特徴として，発生直後においては，著しく情報が欠如し混乱を招くこと，その後次第に情報入手が可能となり混乱が収束していくことがあげられる。このように収集される情報が変化している状況において，中長期経営計画の改訂を行うのであろうか。Mitroff（1988）はクライシス発生後の対応行動は早急にとるべきであると提言しているが，あまりに早急に中長期経営計画を見直せば，それは欠如した情報をもとに策定した計画となってしまう。果たして，実際に中長期経営計画は改訂されたのであろうか。

　また，福嶋ほか（2011）では，文献調査の結果から，既存の教科書・テキストブックにおいて，経営計画は「経営戦略を実現するために最適な資源配分を計画する」ものであるが，このようなマネジメント・コントロールの役割だけでなく，投資家をはじめとする他のステークホルダーとのコミュニケーションに経営計画が重要な役割を果たしているという記述が多く存在すること[3]を指摘している。果たして，震災復興段階における中長期経営計画においては，平常時と同様にこのような役割があるのであろうか。

2.3　予算管理

　予算は，企業の経営活動の計画を計量的に表現したマネジメント・コントロールの手段である[4]。予算は，当該年度の経営活動の計画設定，統制という役割をもち，設定された予算には弾力性がある。山田ほか（2003）の調査では，日本の大企業では9割以上の企業が総合的な予算制度をもち，部分的な予算制度を加えると，予算制度をもたない企業はほとんどないとされている。

　予算管理は，予算をツールに用いた目標管理のことであり，「予算編成」と「予算統制」からなる。「予算編成」は，全社目標の達成に至る道筋を検討するプロセスであり，関係者が事前に数値目標に対する全社的な合意とコミットメ

ントを培いながら，各部門の業績基準になる数値目標をアウトプットする。しかしながら，予算が編成されたからといって，予定どおり計画が進行するとは限らない。そこで，予算目標が確実に達成できるように，「予算統制」を導入する。予算統制には金額統制が広く用いられているが，必要に応じて数量統制や項目統制を併用する。なお，予算統制においては，月間の活動結果を集計した月次決算結果を責任単位ならびに費目ごとに月次予算と比較し，差異を計算し，許容範囲を超えた差異については原因分析を行い是正行動をとる。

予算がもたれるのは，主に次の３つの目的のためである。それは，計画設定の責任の公式化，調整と伝達，および動機づけと業績評価である。

予算の最も重要な目的は，利益計画を明確な部門管理者の責任として公式化することにある。予算編成の過程で，経営者は将来企業にどのような変化が生じ，そのような変化に対していかなる手段をとるべきかが認識できるようになる。その結果として，資源の効率的な配分が可能となる。

次に，調整とは，個々の管理者の目標が会社全体の目標と整合性をもつように，企業の経営資源の配分をバランスよく行うことである。具体的には，トップから与えられた利益計画と部門管理者からボトムアップ方式で提供された目標値との調整や，複数の部門間での調整である。予算はまた，企業の目的を全部門に伝達するための手段でもある。個々の担当者は予算を通じて自己が企業から何を期待されているかが明らかになる。

最後に，目標としての予算は，部門管理者を予算目標達成に向けて動機づけるうえで，重要な役割を果たしている。綿密に準備して編成した予算は，実績を評価する最善の基準となり，妥当な業績評価が可能になる。

予算管理は，このような目的で実施されるが，予算管理を有効に活用するために，予算編成においては参加型予算が実施されている。

参加型予算とは，予算編成において業務に責任のある管理者が，予算編成に関する意思決定への参加を許されることである。これにより，管理者の予算目標に対するコミットメントとモティベーションを高めることができるが，その一方で，予算参加によって編成される予算には予算スラックが組み込まれる可

能性が高まる。予算スラックとは「予算として承認された原価が最低限必要な原価を超える額および最適な達成可能収益が予算収益を超える額とから成るもの」である[5]。Govindarajan（1986）の研究では，環境の不確実性が高いほど，参加型予算は業績に優れた効果をもたらす。逆に環境が安定であれば，参加型予算は，予算スラックの導入への動機を高め，業績低下を促すとされている。

　伝統的な予算管理は，管理会計の中核的なサブシステムとして，20世紀初頭から多くの企業によって実践されてきたが，クライシスマネジメントのフレームワークにおける，平常への復帰段階においても，予算管理は有用と考えられる。予算編成を通じて，組織メンバーの力を集結して実現しようとする目標を決定し，その目標を達成する方法を予め決定することができる。また，予算統制において，計画によって明らかにされた目標とその達成方法に，組織メンバーの注意を向け，やる気を起こさせることができる。さらに，その予算と実績を比較して差異を分析し，組織メンバーの業績を評価する基準となり，妥当な業績評価が可能になる。よって，企業の業績をクライシス発生前の状態に戻すためには，予算管理は有用である。そこで，クライシスマネジメントのフレームワークと対比すると，**図表3-3**のようになる。

図表3-3　予算管理とフレームワークの対比

	クライシスマネジメントの5段階				
	前兆の発見	準備・予防	封じ込め/ダメージの防止	平常への復帰	学習
予算管理	×	×	×	○	×

○：対応している，　△：やや対応している，　×：対応していない

　しかし，震災後の外部環境の変化が激しい状況においては，平常時とは異なり，予測のための手がかりを得ることは困難である。日本政策投資銀行が2011年7月に実施した設備投資計画調査[6]では，東日本大震災が事業に与える影響について，回答した企業のうち製造業の多くが，「サプライチェーンの混乱」の影響があると答え，非製造業では，「消費マインド悪化・自粛」の影響が最多となった。このように外部環境の変化が激しく，売上や生産量の予測が非常

に困難な状況であったことがわかる。

このような不確実性に対処するために，Galbraith（1973）は，情報処理能力の向上を処方箋としてあげている[7]。不確実性を縮減し，情報処理能力を高めるための管理会計面での方策の代表は，予算編成時の予算の期中修正やコンティンジェンシープランの設定である。伝統的マネジメント・コントロールの教科書であるAnthony and Govindarajan（2007）は，予算設定時に想定した前提が実績値との比較が意味も持たないほどに非現実的となり，コントロールの役に立たない場合には予算は期中に修正されることになると述べている。また，環境変化に対して敏速に適応できるように，あらかじめ複数のコンティンジェンシープランを準備する企業が存在することも指摘した。

不確実性の高い状況においては，Anthony and Govindarajan（2007）の指摘するとおり，予算の期中修正が実施されたのであろうか。また，Govindarajan（1986）の研究のとおり，参加型予算が実施されたのであろうか。しかし一方で，参加型予算には，予算編成プロセスに多くの時間とコストがかかることが指摘されている[8]。このような問題点が存在する参加型予算は，時間的制約があり，クライシス発生によりコストが増大している最中にそぐわないかもしれない。

2.4 伝統的マネジメント・コントロールとクライシスマネジメントの対比

第2章において，クライシスマネジメントでは，平常への復帰段階に対する検討がなされていないことを指摘した。そこで本節においては，まず，伝統的なマネジメント・コントロールにおける既存の知識と阪神・淡路大震災や東日本大震災の事例から，マネジメント・コントロールの主要な構成要素である「設備投資計画」，「中長期経営計画」，「予算管理」の3つが震災復興段階の戦略実施ために有用であることを検討した。つまり，クライシスマネジメントにおける「平常への復帰」においても，有用であることを明確に示唆することができた。既存のクライシスマネジメントの実態とあわせてフレームワークと対比すると，**図表3-4**のようになる。

図表3-4 クライシスマネジメントの実態と主要なMCとフレームワークの対比

	クライシスマネジメントの5段階				
	前兆の発見	準備・予防	封じ込め/ダメージの防止	平常への復帰	学習
危機管理計画	○	○	△	×	
危機対応マニュアル	×	○	○	×	×
BCP	×	○	○	×	×
設備投資計画	×	×	×	○	×
中長期経営計画	×	×	×	○	×
予算管理	×	×	×	○	×

○：対応している，△：やや対応している，×：対応していない

　しかしその一方で，既存のマネジメント・コントロールの知識は，平常を前提として議論されており，危機に直面した企業の経営者や会計組織にとってガイドラインとはなりえない。したがって，実務家たちはこのような問題に手探りに，場当たり的に対応せざるをえなかったのではないかと推察される。そこで震災復興における伝統的なマネジメント・コントロールにおいて議論すべき問題として3つあげておく。

① 設備投資計画
　震災時に設備投資計画を策定するにあたって，限られた情報で，将来の不確実性が極めて高い状況の中，どのようにして将来予測を行ったのか。また，平常時における設備投資計画より計画策定期間は短期であったと推測されるが，短期間の間に計画を立案するために，どのような情報をもって，どのように経済性評価を行ったのか。

② 中長期経営計画
　平常時に策定した中長期経営計画は，震災の影響を加味しておらず，被災企業においては計画の変更が必要となる。震災復興において，中長期経営計画は，改訂されるのか。改訂されるのであれば，どのように改訂されるのか。また，改訂の際の目的は平常時と同様か。

③　予算管理
　　震災後の予算管理はどのように行ったのか。震災前の予算管理とどのような点が違うのか。平常時とは異なり，外部環境の変化が激しい状況において，どのようにして予測のための情報を入手し，従業員が合意しコミットできるような予算編成が実施されたのか。また，不確実な環境において設定された目標値を用いて，どのようにして効果的な予算統制を行ったのか。

3　不確実性とMerchant and Van der Stede（2007）のフレームワーク

　前節において，伝統的なマネジメント・コントロールが震災復興において有用であることを示唆した。しかし，組織には伝統的なマネジメント・コントロール以外にも，戦略実施のためのコントロール・システムが多数存在する。マネジメント・コントロール・パッケージは組織の中には複数のコントロール・システムが存在し，パッケージとして機能するという現象を指す（Malmi & Brown, 2008）。伝統的なマネジメント・コントロールでは，会計システムだけに注目してきた。しかし，会計システムは独立して機能するのではなく，組織内の他のコントロールと相互に関連して機能する（佐久間・劉・三矢, 2013）。Ouchi（1979）は，「行動（behavior）」，「結果（output）」，「クラン（clan）」という3つの形態のコントロール手段を識別している。さらに，Otley（1980）は，マネジメント・コントロール研究において，パッケージという考えをとり上げた。彼は，会計情報システムのデザインは組織のパッケージの1つの要素にすぎず，他のコントロール・システムと相互に依存すると主張した。その後，マネジメント・コントロール研究においてマネジメント・コントロール・パッケージに関するさまざまな理論的フレームワークが提案された（e.g. Flamholtz, 1983 ; Malmi & Brown, 2008 ; Merchant and Van der Stede, 2007; Simons, 1995）。
　このようなコントロール・パッケージに関する理論的フレームワークのうち，環境の不確実性とマネジメント・コントロールについて言及しているのが，

Merchant and Van der Stede（2007）である。彼らは，コントロールの対象に着目し，成果コントロール（results controls），アクションコントロール（action controls），人・文化コントロール（personnel /cultural controls）[9]の3つに分類した。成果コントロールは，目標を設定し，業績をモニターし，それに基づいて評価を行う。つまり，「設備投資計画」，「中長期経営計画」，「予算管理」といった管理会計ツールを用いたマネジメント・コントロールである。アクションコントロールは，ルール・手続等を規定し望ましい行動を導くコントロール。文化コントロールは，組織メンバー間での協働を支えるように文化を醸成し，動機づけを行うコントロール。これらのコントロールが有効に機能する状況はそれぞれ異なり，使い方を誤れば組織にとって有害な副作用を招く恐れもあると説明している。したがって，それぞれのコントロールの選択は，組織の状況に合わせて行う必要がある。その中でも，成果コントロールは最も重要なパワフルなシステムであり，多くの場合はそれ単独ではなく，その他のコントロールによって補完されると述べている（ibid., p.35）。

　そして，彼らはこのような3つのコントロールを用いて，不確実な環境における効率的なコントロールについて議論をした。まず，環境の不確実性とは，天候などの自然条件，政治や経済情勢，競合他社・顧客・サプライヤーの行動，そして法的規制などに由来するとしている。そのうえで，不確実性はマネジメント・コントロールシステムに大きな影響を与え，アクションコントロールを使用することに支障をきたすと述べている。そして，アクションコントロールが実行不可能や実行力がないと考えられる場合には，一般的にマネジャーは成果コントロールに依存するとしている。しかし一方で，以下の4つの理由から，予算を中心とした成果コントロールの使用が困難になると主張している（ibid., p.16）。

① 従業員がどうすれば望ましい結果を出すことができるかを理解していない場合，成果コントロールは効果的ではない。
② 従業員がどうすればよりよい結果を出せるかを知っていたとしても，成果コントロールは挑戦する成果目標が適切に設定されていなければ最も望まし

い効果は得られない。不確実性の高い状況においては，上位と下位の情報の非対称性が相対的に高くなるように思われ，下位のものは比較的簡単な予算になるようなスラックを追加してくる。
③　成果コントロールと不確実性を結びつけることは従業員にビジネスリスクを負わせる原因となる。組織は従業員により大きなリスクを負うことに対する保障をしなければならないか，もしくは，リスクを限定するステップを取ろうとする。しかし，リスクを限定すると，不確実な環境に直面している組織は，マネジャーの予算目標を組織への強いコミットメントとはみなさない選択をする可能性があるので，不利な予算差異を業績不振の確実な指標とは解釈しないかもしれない。
④　高い不確実性は組織構造と意思決定コミュニケーションパターンになんらかの幅広い影響を与え，そしてそれらの影響はマネジメント業務の複雑さを増加させる。比較的高い不確実性に直面する組織は自分たちの業務を分権化し，より参加型で比較的ボトムアップなプランニングと予算プロセスを持ち，そして重要な意思決定は，より大きなマネジャーグループでの比較的集中的な議論を経てのみ行われる。

　Merchant and Van der Stede（2007）は，以上を踏まえたうえで，環境の不確実性に対しては，成果コントロールだけでなく，文化コントロールによる補完が有効であると述べている。なぜなら，不確実性が高い状況では，成果コントロールの使用が困難になるが，文化コントロールは環境の変化を受けにくいため，それで補完することによって効率的なコントロールができるからである。これは，伝統的なマネジメント・コントロール研究が，成果コントロールの枠内で不確実性への対応を論じていたこととは一線を画するものである。しかしながら，彼らの主張は観念的なものであった。また，パッケージとしてのマネジメント・コントロールについては，Merchant and Van der Stede（2007）だけでなく，多数の研究が蓄積されているものの，不確実性の高いシチュエーションでの実態という意味ではその知見は十分とはいえない。

4　おわりに——5つの具体的な設問の設定

　復興段階におけるマネジメント・コントロールは，これまで本格的に調査研究されたことのない研究領域である。第2章において，クライシスマネジメントの現状把握を文献調査をもとに行った。その結果，時間的圧力と高度で不確実な環境のもと重要な意思決定を必要とするクライシスに対して，これまでBCPのようなさまざまな危機管理のツールが運用されてきた。しかしながら，これらのツールは「準備・予防」と「封じ込め/ダメージの防止」に対して危機管理のツールとして重視され検討されてきたが，その後の「平常への復帰」に対しては十分な議論がなされていないことがわかった。

　さらに，クライシスの発生により，既存の戦略の実現が不可能になったり，戦略変更が必要になるにもかかわらず，震災等のクライシス発生による極めて不確実性が高い環境におけるマネジメント・コントロールについて，クライシスマネジメントでは，言及されてこなかった。

　そこで，第1節において，まず伝統的なマネジメント・コントロールとクライシスマネジメントの対比を行った。具体的にはマネジメント・コントロールの主要な構成要素である，「設備投資計画」，「中長期経営計画」，「予算管理」という3つがクライシスマネジメントにおける「平常への復帰」に有用であることを明確に示唆することができた。しかし，既存のマネジメント・コントロールの知識は，平常を前提として議論されており，危機に直面した企業の経営者や会計組織にとってガイドラインとはなりえない。よって，震災復興におけるマネジメント・コントロールの実態把握のためには，被災企業が「設備投資計画」，「中長期経営計画」，「予算管理」といった成果コントロールを「どのように実施したのか」，「なぜ実施したのか」について，明らかにする必要がある。

　さらに，第2節において，マネジメント・コントロール・パッケージに目を転じ，環境の不確実性とマネジメント・コントロールにおける研究として，

Merchant and Van der Stede（2007）をとり上げた。しかしながら，彼らの主張は観念的なものであった。つまり，不確実な環境での優れたマネジメント・コントロールがどのようなものであるかについては，具体性を欠き，その実態が明らかにされているとはいえない。また，本書で取り扱う震災という不確実性は急激に高まり，いずれ震災前のような平常時のレベルに収束することは経験的に明らかである。しかしながら，不確実な環境から平常時に戻った際に，成果コントロールは文化コントロールによって補完されなくなるか，については言及されていない。よって，Merchant and Van der Stede（2007）のフレームワークをもとに，復興段階における優れたマネジメント・コントロールがどのようであるかについて，明らかにする必要がある。

そこで，本書では，研究課題である「震災復興におけるマネジメント・コントロールの実態把握」と「震災復興における優れたマネジメント・コントロールの解明」をするための分析フレームワークとして，以下のように具体的な5つの設問を設定する。

> 設問1　震災復興段階において成果コントロールは使用されたのか。
> 設問2　震災復興段階において成果コントロールの使用方法は平常時と異なるか。
> 設問3　震災復興段階では，成果コントロールの使用が困難になるか。
> 設問4　震災復興段階では，成果コントロールは文化コントロールの使用で補完されたか。
> 設問5　平常時に戻ると，マネジメント・コントロールはどのようになるか。

以上，5つの具体的な設問をあげた。このような理論的背景の整理は，本書の研究ドメインを確定することにほかならない。**図表3-5**に示すとおり，本書では第5章～第7章での実証研究を通じてこれらの疑問に答えていく。

最初の2つの設問は，第1の研究課題「震災復興におけるマネジメント・コントロール（MC）の実態把握」を具体化したものである。そして，3つ目から5つ目の設問は第2の研究課題「震災復興における優れたマネジメント・コントロール（MC）の解明」を具体化したものである。

図表3-5 研究課題と具体的な設問の整理

研究課題	具体的な設問	該当章
震災復興における MCの実態把握	成果コントロールは使用されたのか	第5章
	成果コントロールの使用方法は平常時と異なるか	第6章
震災復興における 優れたMCの解明	成果コントロールの使用は困難になるか	第7章
	文化コントロールの使用で補完されたか	
	平常時に戻ると，MCはどのようになるか	

◆注

1　『季刊DBJ』14号。
2　みなと銀行の取引先組織である「みなと会」会員企業の中から，阪神・淡路大震災被災地域10市10町に本社を置く企業808社を対象に実施。回収率25.5％。
3　古田ほか（2009），西山（2009），平野（2008），門田（2008）など。
4　櫻井（2009），p.201。
5　小菅（1997），p.185。
6　質問票は2011年7月1日を期日として，資本金10億円以上の民間法人企業（ただし，農業，林業，金融保険業は除く）を対象に実施。対象会社数3,302社に対し，1,464社から回答を得ている（有効回答率44.3％）。日本政策投資銀行産業調査部設備投資調査担当（2011），pp.65-75。
7　Galbraith（1973）は，不確実性を「職務を完遂するために必要とされる情報量と，すでに組織によって獲得されている情報量とのギャップ（梅津訳，p.9）」と定義している。
8　Beyond Budgeting を提唱したHope and Fraser（2003）は，伝統的な予算管理に対して批判を行っている。
9　以下，文化コントロールとする。

第4章

研究方法の概要

1 はじめに

　本章では，研究課題を解明するための研究方法の概要について説明する。なお，各リサーチサイトでの詳細な調査手続については，第5章，6章，7章であらためて紹介する。

　第2節では，実際の調査に先立って，前章で提示した具体的な設問を解明するためにどのような調査を行うことが効果的かについて検討する。続く第3節では，本書において実際に採用した研究方法の全体像を示す。

2 研究課題と研究方法の適合性

　まず，研究課題を解決するためには，研究方法の検討が必要である。つまり，研究目的にふさわしい研究方法を採用しなければならないと考える。そこで，通常，経営学の実証研究で用いられることの多い「聞き取り調査」，「内部資料の閲覧」，「質問票調査」といった研究方法が，2つの研究課題に対してどのような発見や含意をもたらしうるかについて検討を行う。

　まず，震災復興段階において，どのようなマネジメント・コントロールが実

施されたかすらわからない状況である。つまり，震災復興のための設備投資計画は実施されたのか，既存の中長期経営計画や予算は修正されたのかすらわからない状況である。このような状況では質問票調査を行うにおいても，質問項目の設定すらできない。また，勝手な想像で質問項目を策定して，調査実施したとしても，適切な回答が得られるとは考えられない。そこで，まずは「聞き取り調査」を実施し，復興段階において企業はどのような状況に直面し，意思決定を行い，マネジメント・コントロールを実施したのかを調査する必要がある。そこで，本書の2つの研究課題を解決するためには，まずは「聞き取り調査」が必要であると考えた。そのうえで，「聞き取り調査」の過程において，内部資料が閲覧できるのであれば，さらに詳細を知ることができると考えた。しかし，内部資料により当時の状況を知ったとしても，「なぜそのようなことをしたのか」などの背後のロジックがわからなければ理解は表面的なものとなる。よって，まずは企業のトップや実際に震災復興の対応にあたった人々への「聞き取り調査」を行うことが重要である。

　また，リサーチサイトへのアプローチのタイミングも重要となる。リサーチサイトにアプローチするタイミングについて次の2つの方法が考えられる。第1は，復興に向けてのマネジメント・コントロールを実施している最中の企業に対してコンタクトをとり，変化を刻々と観察したり，ヒアリングしたりしながら戦略実施状況を把握する方法である。この方法のメリットは，研究者自身がリアルタイムにその状況をはっきり把握できる点である。しかしながら，研究課題2は「震災復興における優れたマネジメント・コントロールの解明」をするために設定した研究課題であるため，そもそも「優れたマネジメント・コントロール」を実施するであろう企業を見つけるのは極めて困難である。また，この方法は調査時期の都合上，断念せざるを得ないのではないだろうか。一方，第2の方法は，事後的に，つまり復興が完了した時期にデータ収集する方法である。この方法のメリットは，調査にかかる手間も小さく，企業側の受入れも可能であり，調査時期ともフィットすることである。ただし，研究者自身が直接観察を行うわけではないので，回答者からのデータの客観性という点で信頼

性は低下する。震災後の経過時間にもよるが，あまりに時間が経過してしまうと当時の記憶があやふやになっているかもしれない。これらのメリット，デメリットを勘案し，本書では第2のアプローチを採用した。

一方で，「聞き取り調査」によって，復興段階の企業のとった行動がある程度理解することができれば，「質問票調査」の実施が可能となる。「質問票調査」は事象を定量的に把握するのに有効な研究方法であるため，質問項目をうまく工夫すれば，復興段階におけるマネジメント・コントロールを一般化することができる。しかしながら，研究課題2に対しては，利用可能な測定尺度が存在しないということから，実施するにはかなりの困難が予想される。また，研究課題2に対しては，リサーチサイトの選択が特に重要である。研究課題1については，復興段階におけるマネジメント・コントロールを明らかにするため，震災による影響を受けており，復興に向けてのマネジメント・コントロールを実施した企業が適切なサイトである。しかし，研究課題2は「震災復興における優れたマネジメント・コントロールの解明」であるため，ただ単に復興に向けてマネジメント・コントロールを実施しただけでは不十分である。つまり，震災による影響を受けているだけでなく，復興に向けての戦略を立案し，見事に戦略を実現したベストプラクティスな企業を調査する必要がある。

以上，どのような研究方法が研究課題に適合するかを検討した。それをまとめた**図表4-1**からもわかるように，震災復興におけるマネジメント・コントロールを多面的に分析するには，複数の研究方法を組み合わせる必要がある。

図表4-1　研究課題と研究方法の適合性

	研究課題1		研究課題2		
	設問1	設問2	設問3	設問4	設問5
聞き取り調査	○	○	○	○	○
内部資料の閲覧	○	○	○	○	○
質問票調査	○	○	△	×	×

○：適合している，　△：やや適合している，　×：適合していない

3 調査の概要

　本節では、実際に本書において採用した研究方法を説明する。その後、図表4-1で示した各研究課題と研究方法の適合性とを対比し、本書の研究方法の特徴を抽出する。

　調査は①被災企業でのパイロット調査（東洋刃物、A社）、②被災企業の定量的調査（大規模質問表調査）、③オムロンでの調査の3つに大別される。研究課題1についての調査は、①と②、研究課題2については③が該当する。

　本書における調査の全体像は**図表4-2**のとおりである。まず、①については、被災地の宮城県で研究活動を行っている共同研究者の佐々木郁子・東北学院大学教授が窓口となってくれたので、希望する調査はほとんど受け入れてもらうことができた。パイロット調査である東洋刃物については、佐々木教授が仙台商工会議所から「東日本大震災で甚大な被害にあいながら、早期に復旧/復興を遂げた地元企業」として紹介を受けた。A社については、被災地を代表する東証1部上場の大企業を佐々木教授が選定した。また、質問票の開発に時間をかけたため、②はパイロット調査の初回インタビューから約1年後に行われた。また、③については、②の質問票調査の回答用紙の自由記入欄にオムロンの藤本茂樹氏が記入した内容をきっかけとして、聞き取り調査実施に至った。なお、自由記入欄には、次のような内容が記載されていた[1]。

◆ オムロンが受けた影響は、営業拠点が数ヵ月機能停止したこと、製品に使用する部品（特に半導体と化学材料）のサプライチェーン壊滅により、部品入手が困難となり、商品供給ができなくなったこと。
◆ 対応策立案にあたっては、投資対効果の判定ができないという、通常時は起きえない環境下で判断していくこととなった。結果、投資対効果という尺度やリスク管理の尺度は横に置き、「企業理念としてどう対応するか？」という観点で対策立案を行った。
◆ オムロンの企業理念＝社会貢献である以上、
　1．復興に必要となる自社商品を、利益を度外視してでも供給し続けること。

2．復興とは関係ない顧客に対しても商品供給を停止しないこと。
の2つを基本とした。
◆ 結果的に競合他社が供給停止，納期遅延に陥る中で，弊社の商品供給は停止せず，マーケットシェア向上につながるという結果となった。
◆ 判断ができない場合は，「理念に戻る」という考え方が奏功したと感じている。

図表4-2 調査スケジュール

	①被災企業でのパイロット調査	②被災企業の定量的調査	③オムロンでの調査
2012年7月	・東洋刃物訪問（7/11, 7/31） ・A社訪問（7/31）		
2013年6月		・質問票発信（6/10）	
2013年7月	・A社訪問（7/4）	・回収期限（7/5） ・督促状発信（7/19）	
2013年8月		・督促後最終回収期限（8/31）	・藤本役員インタビュー（8/30）
2014年1月			・藤本役員，吉川役員インタビュー（1/20）
2014年5月			・藤本役員インタビュー（5/14）
2014年9月			・藤本役員インタビュー（9/3）

以上，まとめると，実際に本書において採用した研究方法は**図表4-3**のとおりである。前節では，研究課題と研究方法の適合性を検討したが，それと比較すると次のことがわかる。

◆ 共同研究者である佐々木教授の現地情報やネットワークのおかげで，当初希望していた調査はおおむね実施することができた。
◆ 当初は，「震災復興における優れたマネジメント・コントロールの解明」という研究課題を解決するために，果たして「優れたマネジメント・コントロール」を実施した企業を抽出することができるであろうかと考えていたが，実

際には質問票調査の自由記入欄の回答結果をきっかけとして，リサーチサイトを選定することができた。
◆ 研究課題2については，質問票調査の有用性についても検討したものの，実際には実施することができなかった。上述のとおり，「優れたマネジメント・コントロール」の発見は，質問票調査実施後になったからである。

図表4-3　調査概要のまとめ

	東洋刃物	A社	大規模 質問票調査	オムロン
研究課題	研究課題1			研究課題2
聞き取り調査	○	○	―	○
内部資料の閲覧	○	○	―	○
質問票調査	×	×	○	×

○：実施した，　×：実施しなかった

4　おわりに

　最後に，本書において採用した研究方法について，全体的な特徴を述べる。
　まず，複数研究方法の採用，すなわち方法論的トライアンギュレーションがあげられる。第2節でみたように，研究課題ごとに研究方法の適合性が異なっていた。特に，震災復興におけるマネジメント・コントロールについての先行研究は不足していたので，収集できるデータはできるだけ貪欲に集めることにした。よって，本書では，どれか最善の単一研究方法を選定しようとはせず，むしろ積極的に利用できそうなさまざまな研究方法を併用していくことにした。しかしながら，文献調査を実施しても実態すらわからないため，まずは被災企業に対するインタビューを実施することを優先した。
　また，本書では仮説を演繹的に導出し，仮説検証するというアプローチをとらなかった。質問票調査を行ったが，その目的は仮説の検証ではなく，「対話すべきデータ」の収集にあたった。確かに，第6章の大規模質問票調査におい

ては，研究上意義があると思われる「質問項目」を定めている。しかし，ここでは「質問項目」は，仮説検証型調査における「仮説」のように，抽象度の高いものとは異なる。むしろ，震災復興におけるマネジメント・コントロールを探るための「何をしたのか」，「何故したのか」をできるだけストレートに問うたものである。質問票調査の分析においては，平均スコアの差の検定なども行ったが，「検証」ではなく，あくまで「測定」である。このように仮説発見型のアプローチであるということは，本書の特徴である。

◆注
1 ほぼ原文のまま記載している。

第5章

被災企業でのパイロット調査
——東洋刃物とA社

1 はじめに

　第5章，第6章では，第1の研究課題「震災復興におけるマネジメント・コントロール（MC）の実態把握」のために，具体的な2つの設問「震災復興段階において成果コントロールは使用されたのか」，「震災復興段階において成果コントロールの使用方法は平常時と異なるか」について解明を行う。

　まず，震災復興におけるマネジメント・コントロールに関する先行研究がまったくなかったため，最初はパイロット調査で実態把握することを目指した。それが本章で紹介する，東洋刃物とA社でのヒアリングを中心としたリサーチである。これらの調査では，震災時の初動対応から，復興段階におけるマネジメント・コントロールまで幅広く質問を行った。これまで震災時の企業の実際の行動について触れたことすらない状況であったため，集められるデータはなんでも貪欲に集めるという方針で，半構造化インタビューを行った。なお，ここで得られた知見は，第6章で紹介する大規模質問票調査のなかで質問票の設計にも反映されたことになる。

　まず本章では，第2節において東洋刃物で行ったパイロット調査を紹介する。第1項では調査手続を示し，第2項では，東洋刃物の事例について，震災前の状況，震災発生直後の対応，復興段階の対応の3つの段階に分けて記述する。

さらに復興段階の対応については，重要な意思決定を伴った出来事や震災後に発生した特徴的な出来事について，(1)従業員への対応，(2)中長期経営計画の改訂，(3)予算修正と業績評価，(4)大阪工場売却，(5)多賀城工場再建の順に記述する。最後に，それらの記述内容を「設備投資計画」，「中長期経営計画」，「予算管理」という視角から分析する。

しかしながら，東洋刃物のパイロット調査では十分なデータ収集を行うことができなかった。つまり，東洋刃物では「予算管理」の実施については，平常時から厳しい管理を行っていなかったため，震災復興段階において，特段の発見を行うことができなかった。そこで，第3節において，A社に追加の調査を行った。ここでは，第1項で調査手続を示し，第2項ではA社のケースを記述する。ケース記述においては，震災前の状況，震災発生直後の対応，復興段階の対応の3つの段階に分けて記述する。最後に，それらの記述内容を「予算管理」の視角から分析する。

2　被災企業事例①──東洋刃物

2.1　東洋刃物での調査手続

とり上げた事例は，東洋刃物株式会社（以下「東洋刃物」）である（本社所在地：宮城県黒川郡富谷町富谷字日渡34-11）。東洋刃物は，1925年に設立した東証2部上場企業であり，鉄鋼用刃物，合板用刃物，その他の工業用機械刃物，産業用機械の製造および販売を手がけている。震災前（2010年当時）の資本金は5億円，国内に多賀城工場（宮城県），富谷工場（宮城県），大阪工場（大阪府）の3つの主力工場をもち，連結子会社4社，連結ベースで従業員数は300名ほどであった。東日本大震災での津波被害により多賀城工場と併設された本社社屋が損壊し，原材料，製品等の棚卸資産などに著しい損害を被った。これらの震災による被害総額は920百万円となり，2011年3月期の当期純損失は1,383

百万円となった。さらに，この影響により460百万円の債務超過となった。

なお，本調査は一部の質問を電子メールなどで事前に提示する半構造化インタビューを採用した。また，同社の企業内容を詳しく把握するため，宮城県内の２つの工場の視察も行った。インタビューの対象者は**図表５-１**のとおりである。事例の記述では，インタビューに加え，内部資料等の二次データも利用した。

図表５-１　インタビューの対象者

調査日（時間）	対象者（役職はインタビュー時）	
2012年７月11日 （２時間）	執行役員 管理部長	清野 芳彰 氏
	執行役員 製造部長 兼 富谷工場長	菅原 俊光 氏
2012年７月31日 （２時間）	代表取締役社長	庄子 公侑 氏
	代表取締役専務	髙橋　允 氏
	執行役員 管理部長	清野 芳彰 氏
	執行役員 製造部長 兼 富谷工場長	菅原 俊光 氏

事例の記述においては，震災前の状況，震災発生直後の対応，復興段階の対応の３つの段階に分けて記述する。さらに復興段階の対応については，重要な意思決定を伴った出来事や震災後に発生した特徴的な出来事について，(1)従業員への対応，(2)中長期経営計画の改訂，(3)予算修正と業績評価，(4)大阪工場売却，(5)多賀城工場再建の５つに分けて時系列で実態記述を行う。なお，震災後の東洋刃物の対応についてとりまとめたものを**図表５-２**に示す。

2.2　震災前の状況

東洋刃物は，リーマン・ショック以降の工業用機械刃物業界の低迷により2008年３月期から減益が続き，2009年３月期からは資本欠損状態に陥っていた。このような状況の中，積極的・効率的な営業活動を展開し，主力品種の受注・売上・生産確保に努める一方で，役員報酬のカットや時間外労働の削減などによる固定費をはじめとする徹底した経費削減など，収益の改善に取り組んできた。その結果，2011年３月期には経常損益段階で黒字化の達成が見込まれる状

図表5-2　東洋刃物の震災後の対応

時　期	内　容
2011年3月11日	東日本大震災発生
2011年3月13日	製造部長・管理部長ほか5名が行方不明従業員捜索と被災工場確認を行う
2011年3月14日	社長，重役，経理担当者など10数名が震災後初めて出社
2011年3月15日	仙台市内の子会社にて臨時役員会開催
2011年4月22日	多賀城地区勤務者対象に今後の方針説明を実施
2011年6月	中長期経営計画の改訂 2011年度予算の修正 大阪工場移転の検討開始 多賀城工場再建計画開始
2011年6月15日	グループ補助金説明会に参加
2011年6月24日	グループ補助金申請期日 （申請期間：6月13日～24日）
2011年8月5日	県知事よりグループ補助金交付決定通知受理
2011年10月17日	大阪工場移転決議
2012年2月3日	大阪工場不動産譲渡決議
2012年2月13日	多賀城工場での一部生産再開
2012年3月27日	大阪工場不動産譲渡完了

況となっていた。

2.3　震災発生直後の対応

　2011年3月11日，東日本大震災発生。仙台港に隣接している多賀城工場と本社に勤務する従業員全員が，製造部長の菅原氏の先導のもと，およそ2キロメートル離れた多賀城市文化センターに避難した。従業員の避難が完了した3時半頃，津波が多賀城工場と本社に押し寄せ，建物や設備を破壊し，原材料，製品等を流し去った。翌日は，津波の水が引かなかったため，多賀城地区に立ち入ることができなかった。多賀城工場と本社の状況を確認できたのは3月13日であった。

　3月14日，社長，重役，経理担当者など10数名が震災後初めて本社に出社した。社長の庄子氏は，このとき被災した工場を見て，「この工場はダメだな。

ここにお金を使っても無駄だな。1つ工場を諦めることにしよう。どうにもならないと思った」と述べている。また，庄子氏，専務の髙橋氏，管理部長の清野氏，菅原氏とも口をそろえて「あの姿を見たら，従業員誰もがみんなそう思った」と述べている。しかし，庄子氏は現場の惨状を目の当たりにして悲観的になる一方，「幸い富谷の工場と大阪の工場は残っていたから，失ったものは3分の1。規模を小さくしても（企業としては）生き残れるかな」と希望を見出していた。

　震災発生から4日後の3月15日，臨時役員会が開かれた。仙台市内の子会社において，在仙の役員が全員集合し震災後初めて今後の対応について議論されたが，多賀城工場や企業全体の今後の方針については具体的には何も決めることができなかった。この当時のことを庄子氏は「震災後1週間ぐらいは，目先のことでずっと動いていた。会社全体のことや，将来どうするかということより，今日・明日のこと，目の前のことに追われていた」と語っている。その後，3月下旬から7月上旬まで毎朝役員ミーティングが開かれ，各担当者の進捗報告や情報交換を行い，復興に向けての役割分担を明確にしていった。当初は情報不足により具体的な議論ができなかったが，時の経過とともに正確な情報が集まってくるようになり，復興計画について議論できるようになっていった。

2.4　復興段階の対応

(1)　従業員への対応

　震災後1ヵ月ほど経過し，従業員が「今後，会社がどうなるのだろう」と不安になっていた。そこで，4月22日に多賀城地区勤務者を対象に多賀城工場跡で社長の庄子氏と製造部長の菅原氏が今後の方針発表を行った。そこでは，「当面，2工場（大阪・富谷）体制で製造を行っていくしかない」，「パート勤務者と定年嘱託再雇用契約者については，お見舞金・餞別金を支払って解雇する」ということを発表した。この時のことを庄子氏は「工場がなくなって全員抱えていけないから，当初は希望退職を募って社員を減らさなければならないと思ったが，社員に手をつけるのは忍びない，なんとか耐えたいと思い，パー

● 被災した工場（震災発生直後）●

（写真提供：東洋刃物株式会社）

トと定年嘱託再雇用契約者だけを解雇した。工場の状態を見たら，解雇を（解雇の対象となる）みんなが受け入れてくれた」と述懐している。

(2) **中長期経営計画の改訂**

　6月には，中長期経営計画の改訂と2011年度予算の修正が実施された。これは，震災前に策定された計画の前提が崩れ，もはや指針としての役割を果たさなくなったからである。この中長期経営計画の改訂に，後述のとおり債務超過を解消するための大阪工場売却案が織り込まれた。また，同年4月以降の業績の実績数値の確定は，それまでの売上重視から利益重視へと経営方針を変更するきっかけとなった。すなわち，震災前までは被災した多賀城工場で生産された輸出用の刃物製品が同社の売上の中心を占める主力製品であった。しかし，震災後，多賀城工場の製品の製造・販売が不可能となった。そのため，業績悪化が懸念されていたが，4月以降，会社全体の利益率は大幅に向上したのである。図らずも，これまで売上好調で主力製品だと思われていた多賀城工場の製品が急激な円高で業績の足をひっぱっていたことが判明した。実は以前より経理部は，輸出製品の採算が悪化していることに気づいて指摘をしていた。一方，営業部門は，アジア市場における"TOYO KNIFE"という同社のブランドに固執していた。経営者も，たとえ多賀城工場の製品が不採算品であったとしても，雇用維持やすでに行った投資の回収を考え，その主力事業から撤退するという判断をできずにいた。しかし，震災後の業績数値の大幅な改善によって，トップと営業部門の意識も売上重視から利益重視へと自ずと変わっていった。最終的に，経営方針の転換が行われ，同社の高度な技術を活かせる，高精度・精密加工製品へと生産を集中させることが決められた。

(3) **予算修正と業績評価**

　東洋刃物では，従来，予算は本社（常務会）で決定した目標数値をガイドラインとして各部門に落とし込む，いわゆるトップダウン方式の編成が行われていた。しかし，中長期経営計画と同様，すでに策定されていた2011年4月から

始まる年度予算も，組織を方向づけたり，従業員を動機づけたりするためのリファレンスに使えないことは明らかであった。実際，オリジナルの予算の数値から多賀城工場の損益計画を差し引いたものが，6月に全社の修正予算として承認されることになった。ただし，同社の中では受注主体の事業を行っているため，平常時であっても外的要因の影響が大きいという認識があり，厳格な予算管理は行ってこなかった。加えて，業績に連動した給与体系，いわゆる成果主義は導入されていなかった。全社の予算の数値が変わったとしても従業員個人への影響は限定的であったため，個人別の予算目標を修正したり，部門間で被災程度に応じた数値の調整を行ったりすることもなかった。また，これまで役員や部門別の業績評価は行われてきたが，震災後はボーナス支給を凍結するという決定が行われたため，これらの業績評価についても実施されないことになった。厳しい業績管理がない状況ではあったが，震災の危機感から従業員全体には「みんなで頑張る」という風潮が出てきた。このことについて，製造部長の菅原氏は，震災後は従業員全体が「ただ努力あるのみですよ。働けるところ（従業員），動く機械はすべてそこで頑張る」という思いで業務に取り組んできたと語っている。

(4) 大阪工場売却

　東洋刃物は震災によって2011年度に発生した4億円の債務超過を翌年3月末日までに解消する必要に迫られた[1]。そこで，債務超過を解消する方法の検討を2011年6月より始めた結果，資産価値のある大阪工場を売却せざるをえないという結論に至った。これほどの重大な意思決定が極めて迅速に行われた背景には，経理部による事前の準備があった。経理部は，リーマン・ショックで資本欠損になった時点で，「その解決のためにはどうしたらよいか」ということを数年間にわたり熟考し，大阪工場売却のシミュレーションを行っていたのである。ただし，このシミュレーションはあくまで通常の経営において債務超過に至った場合を想定していたもので，震災によって多賀城工場が壊滅的被害を受けて債務超過になることを想定したものではなかった。これを実施すれば，

震災により主力の多賀城工場の生産が停止しただけでなく，大阪工場まで失い，事実上，富谷工場だけで生産を行うことになってしまう。当然，生産力の大幅な低下，大幅な収益の減少を招いてしまうことは必至であった。そこで，その影響を少しでも緩和するために，大阪工場の機能を富谷工場に移転し，製造拠点の集約による生産体制の集積化と業務の効率化を図ることにした。

　結果的には，2012年2月28日には大阪工場の売買契約が締結され，2012年3月27日に不動産譲渡は完了した。その一方で，当初，大阪工場の閉鎖という決定は，大阪工場勤務者の大半が「総スカン」であった。会社は雇用を維持する方針を示したものの，彼らは大阪工場閉鎖によって被災地である仙台への転勤を余儀なくされる。これは現実的には非常に受け入れがたい選択であったからである。たとえ専務の髙橋氏が「会社存続においては避けては通れない道である」と大阪工場勤務者に説明を行っても，簡単に納得をしてもらえることはなく，彼らとの関係は相当険悪なものとなった。「俺たちを犠牲にして会社を存続させるとはどういうことか。俺達にとっては働くところがなくなるなら会社がなくなると一緒だ」と言われた。それでも最終的には両者は和解することとなり，OBも呼んで閉所式を行うことになった。結果的に多数の退職者を生むことにはなったが，大阪工場の閉所式について社長の庄子氏は，「いい幕引きを迎えることができた」と語っている。

(5) 多賀城工場再建

　当初は，売却する大阪工場の機能をすべて富谷工場に移設するつもりであったが，電力の関係[2]ですべての機能を富谷工場に移設することができなくなってしまった。また，多賀城工場の喪失により100名ほどの雇用の場が失われていた。両方の問題を解決するためには多賀城工場の再建が必要であった。幸いにも，多賀城工場にあった高性能な熱処理施設を修理すれば再使用可能で大阪工場での作業を移管できる見込みが立った。さらに被災した7棟のうち2棟が再使用可能であることも後押しとなった。しかし，資金繰りが問題であった。震災月の3月は売掛金の回収ができ，例年よりも現預金残高が多く，当面の運

転資金には困らない程度のキャッシュを保有していた。とはいえ，多賀城工場を再建するためには資金が不足していたのは明らかだった。

　設備投資の2分の1を補助するというグループ補助金[3]の存在を知り，製造部長の菅原氏が6月15日にその補助金の説明会に参加した。グループ補助金は申請期間が短期間でかつ申請のためには膨大な資料を作らなければならなかったうえ，申請者の10％程度しか交付を受けることができない狭き門であった。それでも，補助金を利用すると再建できる設備が増え，製造できる製品の幅を広げることがきるため，東洋刃物はこの制度に申請することにした。8月5日，県知事よりグループ補助金交付の決定を受けた。グループ補助金を受けることによって，当初は4億円程度の設備投資計画が，約8億円の設備投資を実現することができた。設備投資計画における意思決定において，影響が一番大きかったのは，このグループ補助金の交付であったと専務の髙橋氏は述べている。そして，計画に基づき，2012年2月13日より多賀城工場は再稼働することとなった。

2.5　東洋刃物での発見事項

　ここでは，東洋刃物の復興段階におけるマネジメント・コントロールの実態について発見事項を，設備投資計画，中長期経営計画，予算管理の3つに沿って分析する。

(1)　**設備投資計画**

　多賀城工場の再建においては，設備投資計画の緻密な評価に時間を割くよりも，素早く投資の判断を行うことが最優先された。それは，早期に雇用の場を創出するため，大阪工場の売却までにその機能を移設するため，グループ補助金の申請期間が短期間であったため，という時間的制約があったからである。また，このような迅速な意思決定が可能となった背景には，使用可能な設備が存在したことと，グループ補助金の交付を受けることができたことによって，どのような投資を行えばよいかの目的が明確であったからである。

(2) **中長期経営計画**

　中長期経営計画の改訂は震災後の騒乱が落ち着いた後に実施され，そこには震災に起因する重要な意思決定や，震災をきっかけとした経営方針の変更が織り込まれた。それは以下の2点である。

　① **債務超過の解消**

　震災に起因する債務超過解消のため，残った2つの工場のうち1つを売却するという非常に大きな意思決定が中長期経営計画に織り込まれた。この意思決定は，債務超過の解消のためには3月末までに工場の売却を完了しなければならないという極めて時間的プレッシャーの強い中で行われた。この意思決定が迅速に行われた背景には，経理部による事前の準備があったこと，大阪工場の機能の移転先として多賀城工場にあった設備が再利用可能であったことがある。

　② **事業の選択と集中**

　これまで多賀城工場の製品は利益幅の少ない不採算品だったにもかかわらず，人員や資金調達の問題から撤退には踏み込むことはできなかった。しかし，震災により多賀城工場が使用不可能になったことをきっかけに製品構成が変更され，売上重視型から利益追求型の経営の必要性に気づくこととなった。これによって，これまでの主力製品から，競争力が高く価格競争に陥る恐れのない利益率の高い製品に積極的に資本投入を行うという経営方針の変更が行われた。つまり，震災をきっかけとして事業の選択と集中を行うこととなった。

(3) **予算管理について**

　東洋刃物においては，平常時より予算管理や業績の管理が厳しい会社ではなかった。よって，震災後の予算・業績評価においては，目標値の修正や部門間の調整などの目立った変化は見られなかった。ただ，特徴的であるのは管理会計ツールを用いずとも，震災後，従業員全体が「みんなで頑張る」というモティベーションの向上が見られたことである。

3　被災企業事例②──A社

　上述のとおり，東洋刃物におけるパイロット調査では，「予算管理」において平常時との特段の変化は見られなかった。東洋刃物は，東証2部上場企業ではあるものの，平常時より予算制度と業績評価制度を結びつけた管理が厳しい企業ではなかったためである。そこで，平常時より予算管理が実施されている東証1部上場の被災企業への追加調査を実施した。ここでは，予算管理について，期中修正があったのか，もしあったならばどのように予算編成されたのか，また，予算に基づく業績評価を実施したかどうか，に着目した。

3.1　A社での調査手続

　東洋刃物に続き，A社に対して調査を行う機会を得られた。聞き取り調査においては，震災発生時および震災の影響を受けた事業年度における予算管理および業績評価の実施状況に関して半構造化されたインタビューを実施した。インタビューの対象者は，**図表5-3**のとおりである。なお，調査対象としてA社を選択した理由は，次のとおりである。A社は東証1部上場企業であり，売上規模・利益規模も大きく，予算管理・業績評価といったマネジメント・コントロールシステムが導入されている。また，東北地方に本社を置き，被災地域に多くの事業所を構えており，震災による影響を大きく受けた企業である。つまり，震災復興段階におけるマネジメント・コントロールの事例として最適であると考えたからである。

図表5-3　インタビューの対象者

調査日（時間）	対象者（役職はインタビュー時）
2012年7月31日（1.5時間）	社長室　マネジャー　X氏
2013年7月4日（1.5時間）	社長室　マネジャー　X氏

3.2　A社のケース

　株式会社A社（本社所在地：宮城県仙台市）は，1970年の会社設立以来，「流通，販売の合理化を実践し，消費生活を豊かにすることで社会に貢献する」ことを経営理念とし，酒類を中心とする嗜好品の小売販売を中心として事業を展開し，独自の販売展開を構築することに成功し，現在では酒類販売において業界のトップシェアを誇っている。2012年3月期における資本金は32億47百万円，国内に272店舗をもち，関係会社4社で構成され，連結ベースで従業員は2,440名である。東日本大震災の被害により，被災地15店舗で休業を余儀なくされ，2011年3月期において，商品の滅失，建物・機械装置等の修繕，その他復旧に係る費用等，合計で10億18百万円を特別損失として計上した。

　ここでは，A社の予算・業績評価の方法の実施状況について，平常時（震災以前）の状況，2011年3月期（震災直後）の対応，2012年3月期（震災翌事業年度）の対応の3つの段階に分けて記述する。

(1)　平常時（震災以前）の状況

　A社における平常時の予算編成方法は，本社主導の予算編成を採用している。過去において参加型予算を取り入れた時期もあったが，小売店舗の業務負荷が大きいため，現在は本社主導で実施している。一方で，予算数値に異常値が含まれている場合は，現場と本社とで予算数値の一定のやり取りが行われたうえで最終的に決定している。また，平常時においては，予算は期中での見直しを行わず，期首に設定された予算を1年間用いている。業績評価については，小売店舗の店長職に対して，売上高，営業利益，客数等の目標値に対する達成度合いに応じて賞与や昇格に連動した業績評価制度が導入されている。平常時は4月から翌3月までの12ヵ月間の累計数値で評価が行われていた。

(2)　2011年3月期（震災直後）の対応

　震災発生時の2011年3月期の業績評価については，震災発生月の3月度の業

績を評価の対象外から外し，2010年4月から2011年2月までの11ヵ月間で行った。これは被害の大きかった東北地方の店舗だけでなく，全国の店舗で実施された。つまり，被害の大小は考慮せずに，すべての店舗を公平に評価するために割り切って実施された。被害のなかった地域においては，3月度の目標達成度合いを考慮してもらえなかったにもかかわらず，不平不満がでることはなかった。

(3) 2012年3月期（震災翌事業年度）の対応

　2012年3月期予算については，予算修正は行われなかった。これは震災の影響が4月以降どのようになるか全く予測できなかったということと，予算編成の承認を行う役員会が震災発生により2ヵ月間開催することができず予算について議論をする場がなかったためである。また，すでに策定されていた予算数値を修正せずとも2012年3月期の経営管理に差し障りがないと判断されたためでもある。業績評価についても，予算修正を行っていないため，震災発生前に編成された予算数値をもとに目標達成度合いの測定が行われた。

　しかし，被害が甚大であった店舗では営業活動ができない状態であり，業績評価における目標値である予算が修正されなければ，個人の業績評価が悪化することになる。そこで，閉鎖および休業を余儀なくされた店舗については，個別に対応し，目標値の達成度による業績評価を行わなかった。

　一方で，A社では震災直後から従業員に対して社長が「当社はライフラインであり，地域復興の『部品』である」と訓示していた。また普段よりA社の従業員は，「社会のインフラであるという自負があった」と担当者は述べている。このことから，目標値の達成度による業績評価がなくとも，「こういう時こそ（社会のインフラとしての責任を）発揮できる」と感じて，早期に店舗が営業再開できるように取り組むことができた。また，被災地における店舗の早期の営業再開が顧客から支持されることによって，「顧客からの感謝の声や，インフラとしてA社の必要性を社会的に認められたことが，従業員のモティベーション向上につながった」とも担当者は語っている。

3.3 A社での発見事項

ここまでの記述を通じて、A社は平常時より予算制度と業績評価制度を結びつけることによってマネジメント・コントロールを行ってきた企業であることがわかった。そこで、A社の被災地域におけるコントロールの変化をみてみる（**図表5-4**）。

図表5-4 A社の震災時のマネジメント・コントロール

	2011年3月期	2012年3月期
期中の予算修正	×	×
目標値の達成度による業績評価	×	×
社長からの訓示	○	○

○：実施した，×：実施しなかった

A社では、2011年3月期は期中の予算修正は行われなかったが、業績評価の方法が一時的に変更された。つまり、震災発生月である3月の実績を業績評価の対象外とし、被害の大小を考慮せずすべての店舗において同様の評価方法を採用した。特に3月については、目標値の達成度合いについて進捗管理すら行わなかった。また、2012年3月期においては、期中の予算修正を行わず、被害が甚大で閉鎖していた店舗については、目標値の達成度による業績評価が行われなかった。一方で、社長からの「当社はライフラインであり、地域復興の『部品』である」という訓示を受けて、『復興の部品』という共通の行動規範をもった。これらのことから、予算の目標数値にとらわれることなく行動したことがわかった。

4　おわりに

本章では、マネジメント・コントロールの主要な構成要素である「設備投資計画」、「中長期経営計画」、「予算管理」の3つに焦点をあてて被災企業への聞

き取り調査を行った。東洋刃物とA社でのパイロット調査からいえるのは次のことである。

　まず東洋刃物の調査における発見事項は，復興段階において，「設備投資計画は，平常時とは異なりタイムプレッシャーが極めて強い中，緻密な計画の評価に時間を割くよりも，素早く投資の判断を行うことを最優先した」，「中長期経営計画は改訂され，その内容には震災に起因する重要な意思決定や，震災をきっかけとした経営方針の変更が織り込まれた」，「予算・業績評価は，平常時と比べ，特段，目標値の修正や部門間の調整といった特別な対応は見られなかった。むしろ，予算などを動機づけとしなくても，震災後，従業員全体が『みんなで頑張る』というモティベーションの向上が見られた」ことである。

　また，A社では震災直後の予算修正は行われなかったうえに，震災発生月である３月の実績を業績評価の対象外とした。そして，すべての店舗において，被害の大小を考慮せず，同様の評価方法を採用した。また，目標値の達成度合いについての進捗管理すら行わなかった。翌事業年度についても，期中の予算修正を行わず，被害が甚大で閉鎖していた店舗については，目標値の達成度による業績評価が行われなかった。一方で，社長からの訓示を受けて，『復興の部品』という共通の行動規範をもち，予算の目標数値にとらわれることなく行動したことがわかった。

　パイロット調査を実施したことにより，震災復興段階において企業が具体的にどのような行動をとったかについて明らかになった。具体的には，「設備投資計画」，「中長期経営計画」，「予算管理」の３つの管理会計ツールを用いた成果コントロールは実施されたことがみられた。一方で，平常時とは異なる行動も発見された。東洋刃物の事例では，設備投資計画は，平常時とは異なり緻密な計画の評価に時間を割くよりも，素早く投資の判断を行うことが最優先された。A社では，経営管理に差し障りがないと判断し，全社的な予算修正は行わなかったが，被害が甚大で閉鎖していた店舗については，目標値の達成度による業績評価を行わないという対応を行った。果たしてこれらのパイロット調査

の結果は，日本の被災企業全体においてもみられる行動なのであろうか。

そこで，次章において，これらのパイロット調査から得られた知見をもとに，体系的な調査を行う。質問票調査における質問票開発では，パイロット調査における発見事項をとり入れた。パイロット調査で得られた知見を反映した質問項目は次のとおりある。

- **設備投資計画**に関して
  復旧/復興のための設備投資の実施状況，政府等からの補助金の利用状況，復旧/復興のための設備投資と平常時の設備投資の意思決定の比較についての質問項目。
- **中長期経営計画**に関して
  中長期経営計画の実施状況，震災時の中長期経営計画の再検討の実施状況についての質問項目。
- **予算管理**に関して
  震災時の予算変更の実施状況・編成方法・目標達成困難度，平常時と震災影響事業年度の予算使用目的の重要性についての質問項目。

◆注
1　東証の規定によると，債務超過の状態となった場合において，1年以内に債務超過を解消しなければ上場廃止になるため。
2　富谷地区は住宅地であるため，供給される電圧が低く，工場設備をすべて移設するには，富谷工場内に電力を引き込む鉄塔を建設しなければならなかった。その建設には2～3年かかると想定された。
3　グループ補助金（中小企業等グループ施設等復旧整備補助事業）とは，東日本大震災により甚大な被害を受けた地域において，各県の認定する中小企業等グループの復興事業計画について，国および県が支援することにより県内産業の復旧および復興を促進することを目的とした補助金の交付制度である。また，申請ができるのは，複数の中小企業者から構成され，一定の要件を満たした集団である。

第6章

震災復興における
マネジメント・コントロールの
大規模質問票調査

1　はじめに

　第5章で紹介したとおり，被災地の被災企業2社でトップ，管理部門，リーダーへのインタビューを通じて，東日本大震災の復興段階におけるマネジメント・コントロールの実態についてのエピソードを集めることができた。しかし，それらは断片的なデータであり，またインタビューを行った企業固有の事情もあった。

　そこで，次のステップとして，東日本大震災による影響，震災後のマネジメント・コントロールの実態を客観的に測定するために，大量サンプルの質問票調査を行うことにした。質問項目の選定にあたっては，パイロット調査で得られた知見が反映されている。

2　研究方法——郵送質問票調査の設計

　本書における質問票調査の目的は，仮説の検証ではなく，これまで紹介してきたケースの個別事例を一般化するために実施する。そのためには，(1)個別企業の被災状況だけでなく，マネジメント・コントロールの主要な構成要素であ

る「設備投資計画」,「中長期経営計画」,「予算管理」など,震災時の管理会計の実施状況についての多様なデータを収集する,(2)ケースでは宮城県を中心に企業活動を行う2社の事例をとり上げたが,一般化するためには,特定の産業,地域に偏らず震災復興段階のマネジメント・コントロールの実施状況を明らかにすることが必要である。そこで,日本の一般的な大規模企業として,東証1部・2部上場企業を対象とした郵送質問票調査によるサンプリングを実施する。

質問票調査の作成においては,先行研究および事例研究で発見された事項を参考に設計した。実施に先立ち,5名の管理会計研究者と複数の実務家にプレサーベイを実施し,改良を加えた。このようにして開発された質問票は大きくは,次の7の大項目から構成されている。

① 被災状況
　被災6県における主要な事業所等の有無,震災における負の影響の状況,復旧/復興の状況等
② 震災時の経営管理全般の取組み状況
③ リスクマネジメントの取組み状況
④ 中長期経営計画について
　中長期経営計画の実施状況,震災時の中長期経営計画の再検討の実施状況,再検討の目的等
⑤ 設備投資計画について
　復旧/復興のための設備投資の実施状況,政府等からの補助金の利用状況,復旧/復興のための設備投資と平常時の設備投資の意思決定の比較等
⑥ 予算管理について
　予算管理制度の実施状況,平常時の予算管理制度の運用方法・予算編成方法・目標達成困難度,震災時の予算変更の実施状況・編成方法・目標達成困難度,平常時と震災影響事業年度の予算使用目的の重要性・有用性等
⑦ 回答企業の外部環境に関する基礎データ等

これらの質問項目の選定目的や意図については,本章第3節から第7節における分析結果の解釈に先立ち詳述する。なお,実際の質問票は巻末の参考資料(155頁以下)をご参照いただきたい。

3　サンプリングとサンプルの概要

サンプリングについては，次のように実施した。主に各社の経営企画担当役員に個人宛で，2013年6月10日に発送した。対象となる企業に経営企画担当役員という役職が存在しない場合には，それに準ずると思われる役職（経営企画部長など）を宛先とした。質問票の配布にあたっては，依頼状を添付し，調査の目的と協力した企業には希望に応じて調査報告書を配布することを明示し，各企業の回答内容を個別に公開しないことを誓約した。当初の回答期限は7月5日を設定していたが，8月中に回収したものは集計に含めている。また締め切り日までに回答の得られなかったものについては，7月19日に葉書による督促状を一度送付し，フォローアップを行った。なお，郵送先の住所および宛名の特定には，市販されているデータベースを利用した。

上記の手続によって調査を実施した結果，上場企業の郵送質問票の発送数は1,970社，回収数は279社，回収率は14.2%，有効回答数は277社であった[1]。サンプル選択や回答者の情報は**図表6-1**のようになった。これらのサンプルの記述統計量は**図表6-2**のとおりである[2]。

図表6-1　サンプリングの概要

(a) 企業の選択		
送付先企業数	1,970	
回答企業数（回答率：14.2%）	279	
最終的な分析対象サンプル（有効回答数）	277	
(b) 回答者の職位		
社長，取締役など	67	(24.2%)
部長級（ゼネラルマネジャーなど）	65	(23.5%)
課長級（部長代理，次長，マネジャーなど）	71	(25.6%)
係長級（課長代理，主任，リーダーなど）	31	(11.2%)
一般職員など	10	(3.6%)
（未回答，職位特定不明など）	33	(11.9%)
合計	277	(100.0%)

図表6-2 サンプルの基本統計量

	平均	標準偏差	第1四分位	中央値	第3四分位
従業員数（人）	9,563.6	23,804.27	797	2,133	6,693
売上高（百万円）	410,165.5	1,110,740	36,067	90,364	292,410
総資産（百万円）	186,133.9	490,731.6	16,748	39,870	128,763
純資産（百万円）	484,785.6	1,360,551	35,709	89,787	315,734

次に，非回答バイアスの存在を検証するために，277社の業種分布について独立性の検定を行ったが，非回答バイアスは検出されなかった（**図表6-3**）。さらに，**図表6-4**は，図表6-3の業種別分布を図示したものである。この図からも調査対象企業と回答企業において，特に偏りがないことが確認できる。

図表6-3 非回答バイアスの検定

業　種	郵送先企業 発送数	郵送先企業 割合	Sample (n=277) 回収数	Sample (n=277) 割合	回収率
水産・農林業	6	0.3%	1	0.4%	16.7%
鉱業	7	0.4%	1	0.4%	14.3%
建設業	111	5.6%	22	7.9%	19.8%
食料品	93	4.7%	9	3.2%	9.7%
繊維製品	46	2.3%	5	1.8%	10.9%
パルプ・紙	16	0.8%	2	0.7%	12.5%
化学	153	7.8%	20	7.2%	13.1%
医薬品	38	1.9%	6	2.2%	15.8%
石油・石炭製品	13	0.7%	2	0.7%	15.4%
ゴム製品	16	0.8%	2	0.7%	12.5%
ガラス・土石製品	37	1.9%	6	2.2%	16.2%
鉄鋼	40	2.0%	7	2.5%	17.5%
非鉄金属	29	1.5%	5	1.8%	17.2%
金属製品	51	2.6%	4	1.4%	7.8%
機械	150	7.6%	18	6.5%	12.0%
電気機器	185	9.4%	29	10.5%	15.7%
輸送用機器	78	4.0%	16	5.7%	20.5%
精密機器	34	1.7%	3	1.1%	8.8%
その他製品	59	3.0%	15	5.4%	25.4%
電気・ガス業	23	1.2%	5	1.8%	21.7%

陸運業	45	2.3%	11	3.9%	24.4%
海運業	12	0.6%	2	0.7%	16.7%
空運業	5	0.3%	2	0.7%	40.0%
倉庫・輸送関連業	29	1.5%	8	2.9%	27.6%
情報・通信業	134	6.8%	11	3.9%	8.2%
卸売業	175	8.9%	23	8.2%	13.1%
小売業	190	9.6%	25	9.0%	13.2%
不動産業	51	2.6%	6	2.2%	11.8%
サービス業	144	7.3%	11	3.9%	7.6%
合計	1,970	100.0%	277	100.0%	14.1%

$\chi^2 = 28.8944$, 自由度 = 28, p = 0.418。

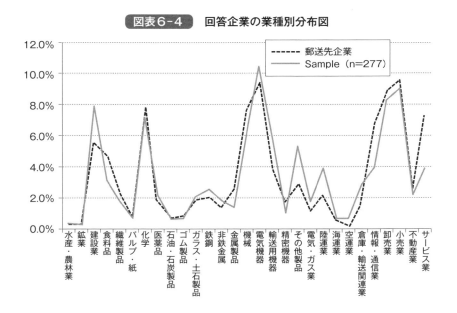

図表6-4 回答企業の業種別分布図

　また，サンプルの基本統計量によるバイアスの存在について検定を行った結果，**図表6-5**のようになった。これらのサンプルが研究対象をよく代表しているといえるだろう。

図表6-5　郵送先企業と回答企業の規模変数の比較

	郵送先企業平均値	サンプル企業平均値	平均値の差	t値
従業員数（人）	6,520.8	9,563.6	3,042.8	2.2217**
売上高（百万円）	307,213.5	410,165.5	102,952.0	1.4420
純資産（百万円）	137,877.5	186,133.9	48,256.4	1.5208
総資産（百万円）	347,189.9	484,785.6	137,595.7	1.5700

＊ $p<0.1$,　＊＊ $p<0.05$,　＊＊＊ $p<0.01$

　最後に回答企業の被災6県における主要な事業所等の所有状況を**図表6-6**に示す。有効回答企業のうち，大震災における被災6県（青森県，岩手県，宮城県，茨城県，福島県，千葉県）に主要な事業所等を有する企業は172社（62.1％）であった。

図表6-6　被災6県所在の主要な事業所等の有無

	企業数	累計数	割合	累計割合
有していた	172	172	62.1%	62.1%
有していなかった	105	277	37.9%	100.0%
合計	277	-	100.0%	-

4　被災状況

　本節においては，震災による影響がどのようであったかについて紹介する。まず，東日本大震災が企業の事業活動に負の影響をもたらしたかどうかを示す。さらに，どのような影響をどの程度もたらしたかについて示す。また，調査項目において，東日本大震災における被災6県（青森県，岩手県，宮城県，茨城県，福島県，千葉県）の主要な事業所等の所有の有無別に分析を行った。

4.1　震災による負の影響の有無

　本研究の調査対象は，東日本大震災の被災企業である。よって，回答企業の

うち被災企業を特定する必要がある。そこで，まず，事業への震災の負の影響の有無について調査した。本項目について，「負の影響があった」と回答した企業に対して次節以降の質問を行っている。

震災による負の影響については，87.7%（243社）もの企業が「負の影響があった」と回答した（**図表6-7**）。このことからも，日本の多くの企業が負の影響を受けたことがわかる。次に，上場企業において事業所等の有無と負の影響の有無について独立性の検定を行った結果，有意な差がみられた（**図表6-8**）。つまり，被災6県に主要な事業所等を有していることと事業活動に負の影響があったことは関連があるということである。このことは当然のように思われる。しかし，一方で277社のうち81社（29.2%）の企業が行政の指定する被災6県に主要な事業所等を有していないにもかかわらず，負の影響があったと回答していることは看過できない。このことは，東日本大震災による企業の事業活動への影響は，被災6県のみに負の影響を及ぼしたのではないことを示唆している。

図表6-7 震災による負の影響の有無

	企業数	累計数	割合	累計割合
負の影響があった	243	243	87.7%	87.7%
負の影響がなかった	34	277	12.3%	100.0%
合計	277	－	100.0%	－

図表6-8 被災6県主要事業所所有別分布

| | 被災6県に主要な事業所等を | | | | 合計 |
	有していた		有していなかった		
	企業数	割合	企業数	割合	
負の影響があった	162	66.7%	81	33.3%	243
負の影響がなかった	10	29.4%	24	70.6%	34
合計	172	62.1%	105	37.9%	277

$\chi^2 = 17.5879$，自由度 $= 1$，$p = 0.000$

4.2　震災による負の影響の範囲

震災の影響がどのようなものであったかを知ることが必要である。まずは，東日本大震災の影響で，企業がどのような状況に直面したかを知る必要がある。また，震災というクライシスがどのような特性を持つクライシスであるかを確認する必要もある。そこで，事業への震災の負の影響の有無について，「負の影響があった」と回答した企業に対して，具体的にどのような負の影響があったかについて質問を行った。

図表6-9は，負の影響に関する質問項目の回答の分布を示している。負の影響の範囲については，これまでのパイロット調査で得られた知見や日本政策

図表6-9(A)　負の影響の範囲

	全く影響がなかった 1	2	3	4	5	極めて重大な影響があった 6	7	n	中央値	平均値	標準偏差
1. 施設・設備の損傷（消失）	13.8% 33	21.3% 51	10.5% 25	9.6% 23	20.9% 50	14.6% 35	9.2% 22	239	4	3.83	1.95
2. 物流交通網の混乱	7.2% 17	9.7% 23	10.6% 25	16.0% 38	24.9% 59	16.9% 40	14.8% 35	237	5	4.51	1.77
3. 電力不足	7.1% 17	10.8% 26	12.0% 29	14.9% 36	29.9% 72	12.5% 30	12.9% 31	241	5	4.39	1.73
4. 仕入・調達の困難	5.5% 13	9.2% 22	12.6% 30	14.7% 35	24.8% 59	19.8% 47	13.5% 32	238	5	4.57	1.71
5. 売上の減少	9.2% 22	13.8% 33	12.1% 29	15.9% 38	23.1% 55	13.0% 31	13.0% 31	239	4	4.21	1.84
6. 資金繰り悪化	66.4% 158	13.9% 33	5.9% 14	8.8% 21	2.9% 7	0.8% 2	1.3% 3	238	1	1.76	1.32
7. 従業員数の不足	56.5% 134	16.9% 40	7.6% 18	10.1% 24	5.1% 12	2.5% 6	1.3% 3	237	1	2.03	1.49

第6章 震災復興におけるマネジメント・コントロールの大規模質問票調査　83

図表6-9(B)　負の影響の範囲：ヒストグラム

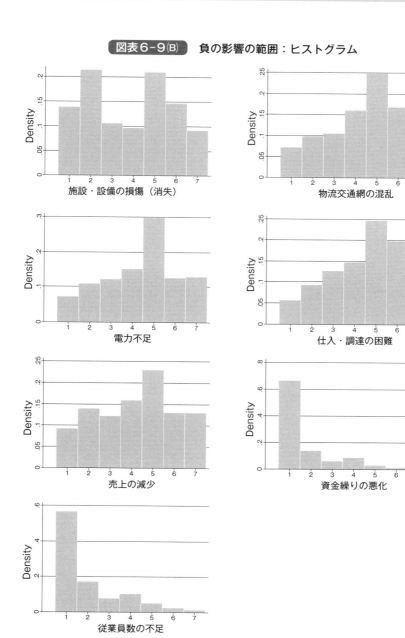

投資銀行産業調査部設備投資調査担当（2011）における調査項目を参考に、質問項目を策定した。まず、1．施設・設備の損傷（消失）については、震災による直接的かつ物理的な被害がどの程度であったかわかる。つまり、施設・設備の損傷（消失）について、「全く影響がなかった」と回答した上場企業は13.8％で、ほとんどの企業が施設・設備に多かれ少なかれ損傷を受けていることがわかる。また、3．電力不足は、東日本大震災固有の事情であるが、「全く影響がなかった」と回答した企業は7.1％しかなく、多くの企業が電力不足の影響を受けたことがわかる。2．物流交通網の混乱、4．仕入・調達の困難については、自社の直接的・物理的な被害ではなく、社外の要因による被害であるが、非常に多くの企業が影響を受けたことがわかる。この結果は、東日本大震災においてサプライチェーンが崩壊したことをよく表していると考えられる。5．売上の減少については、仕入・製造・販売が困難になったことによる売上減少のほか、消費マインドの低下・風評被害など環境要因による被害も考えられる。6．資金繰り悪化については、平均値、中央値とも他の質問項目より相対的に低いことがわかる。一方で極めて重大な影響があったと回答した企業も3社存在する。また、7．従業員数の不足についても、平均値、中央値とも他の質問項目より相対的に低い値であり、回答した企業の5割以上が「全く影響がなかった」と回答していた。一方で、郵送質問票の自由記述欄に「従業員の余剰」と回答した企業もあり、製造設備の損壊によって製造不能になったため従業員が余剰になったことも考えられる。

次に、被災6県に主要な事業所等を有していた企業とそうでない企業について、負の影響に関する質問項目の平均値の差の検定を行った（**図表6-10**）。その結果、1．施設・設備の損傷（消失）、2．物流交通網の混乱、3．電力不足、7．従業員数の不足について、有意な差が見られた。つまり、これら4項目について、被災6県に主要な事業所等を有していた企業のほうが、そうでない企業より負の影響が大きかったことがわかる。特に、1．施設・設備の損傷（消失）、2．物流交通網の混乱、3．電力不足は被災地域の平均値が高く、これは震災による物理的な被害の影響や、福島原発事故の影響を受けていることが

わかる。一方で，4．仕入・調達の困難，5．売上の減少，6．資金繰り悪化については有意な差が見られなかった。4．仕入・調達の困難，5．売上の減少については，被災6県に事業所等を有していない企業でも平均値が高く，このような事業活動への負の影響は日本全国にあったことがわかる。

図表6-10　負の影響に関する被災6県事業所等所有の有無の比較

| | 被災6県に主要な事業所等を | | | | 平均値の差 | t値 |
| | 有していた | | 有していなかった | | | |
	n	平均値	n	平均値		
1．施設・設備の損傷（消失）	160	4.60	79	2.28	2.32	10.93***
2．物流交通網の混乱	160	4.94	77	3.64	1.30	5.63***
3．電力不足	161	4.59	80	3.98	0.62	2.63***
4．仕入・調達の困難	160	4.66	78	4.40	0.26	1.06
5．売上の減少	160	4.34	79	3.92	0.42	1.58
6．資金繰り悪化	160	1.86	78	1.54	0.32	1.81*
7．従業員数の不足	159	2.28	78	1.51	0.77	3.84***

＊p<0.1，＊＊p<0.05，＊＊＊p<0.01

4.3　震災からの復旧/復興状況

　東日本大震災からの復旧/復興状況はどうであろうか。パイロット調査の東洋刃物とA社の事例では，比較的早期に復旧/復興を実現している。しかし，ひょうご経済研究所が阪神・淡路大震災の被災企業に対して行った調査からは，震災からの復興活動は長期化することが示されていた。そこで，本質問項目では，2013年（6月〜8月）時点の被災企業の復旧/復興状況について確認したい。

　復旧/復興状況についてみたものが，**図表6-11**である。質問項目は，復旧/復興状況について，1．効率性，2．スピード，3．有効性，4．満足度を列挙した。1．効率性については「復旧/復興は，費用の面から見て効率的であった」，2．スピードについては「復旧/復興は，スピーディーに進んだ」，3．有効性については「復旧/復興は，将来の成長に貢献するものであった」，4．満足度については「復旧/復興は，総合的に判断して，満足できるもので

図表6-11 復興/復旧状況に関する質問項目　度数分布表

	全く異なる 1	2	3	4	5	6	全くその通り 7	n	中央値	平均値	標準偏差
1．復旧/復興は、費用の面から見て効率的であった。	3.8% 9	9.2% 22	11.3% 27	36.4% 87	18.0% 43	14.6% 35	6.7% 16	239	4	4.26	1.46
2．復旧/復興は、スピーディーに進んだ。	4.2% 10	5.4% 13	7.9% 19	22.9% 55	24.6% 59	22.9% 55	12.1% 29	240	5	4.75	1.54
3．復旧/復興は、将来の成長に貢献するものであった。	6.7% 16	14.7% 35	18.9% 45	37.0% 88	11.3% 27	7.1% 17	4.2% 10	238	4	3.69	1.44
4．復旧/復興は、総合的に判断して、満足できるものであった。	2.1% 5	5.9% 14	13.4% 32	34.9% 83	19.3% 46	15.6% 37	8.8% 21	238	4	4.45	1.40

あった」を，1（全く異なる）～7（全くその通り）の7段階で回答してもらった。

　回答結果は2．スピードについては中央値5であり，1．効率性，3．有効性，4．満足度の中央値は4であった。また，1．効率性，2．スピード，4．満足度の平均値は4以上であった。つまり，質問票調査時点（2013年6～8月）での，回答企業の復旧/復興の状況は著しく悪い状況ではないことがみてとれる。ただし，3．有効性については，平均値3.69であり他の項目より低いスコアとなっていた。これらのことから，復旧/復興活動は震災前の経営状況に戻すことはある程度できたものの，それ以上の成長に貢献するほどではなかった

と考えられる。あくまで一時しのぎの取組みでしかなかったのではなかろうか。

また，被災6県に主要な事業所等を有していた企業とそうでない企業について，復興状況に関する質問項目の平均値の差の検定を行った結果，有意な差はみられなかった（**図表6-12**）。

図表6-12 復興状況に関する被災6県事業所等所有の有無の比較

| | 被災6県に主要な事業所等を | | | | 平均値の差 | t値 |
| | 有していた | | 有していなかった | | | |
	n	平均値	n	平均値		
1．復旧/復興は，費用の面から見て効率的であった。	162	4.37	77	4.04	0.33	1.64
2．復旧/復興は，スピーディーに進んだ。	162	4.83	78	4.59	0.24	1.18
3．復旧/復興は，将来の成長に貢献するものであった。	162	3.70	76	3.68	0.02	0.10
4．復旧/復興は，総合的に判断して，満足できるものであった。	162	4.54	76	4.28	0.26	1.33

＊ $p<0.1$，＊＊ $p<0.05$，＊＊＊ $p<0.01$

5　経営管理全般

これまで震災復興段階におけるマネジメント・コントロールの大規模質問票調査はまったく実施されていない。よって，本書の関心の対象は設備投資・中長期経営計画・予算管理といった成果コントロールの実施状況であるものの，これらの項目だけでなく，震災復興段階における企業の経営管理について幅広くデータを収集することの意義は大きい。そもそも，平常時より企業においてはさまざまな経営管理手法が導入されている。震災の影響を受けて企業は環境変化に適応するために，なんらかの経営管理方法を変更するだろう。そこで，河野（1986）を参考に一般的に導入されている経営管理システムについての質問項目を抽出し，「東日本大震災をきっかけに経営管理に関する項目について

変更を行ったか」についても質問を行った。

　事前の予測としては，震災により計画の前提条件が変更となってしまったため，計画系の経営管理項目は変更された企業の割合が高いと考えた。また，震災による直接的かつ物理的な被害により設備投資の計画が変更されているだろうと予測した。一方，ミッションやビジネスモデルのような戦略の上位概念に近い部分の経営管理項目は変更された企業の割合が低いと予測した。この他，企業の震災後のボランティアやCSRへの取組みの関心が高くなっていることから，震災前から取組みに変更があった企業は多いと考えた。

　図表6-13は，東日本大震災をきっかけに，どのような経営管理項目が変更されたかについてみたものである。さらに，**図表6-14**は，図表6-13の実施企業割合を図示したものである。これより，多くの企業が9．設備投資計画，13．販売計画，14．生産計画，15．調達・物流計画，17．利益計画・予算，19．社会貢献活動（ボランティア，寄附等）を変更していることがわかった。設備投資計画やこれらの計画系の経営管理項目が変更されたことは，事前の予測と合致するもであった。また，19．社会貢献活動（ボランティア，寄附等）についても，想定されたとおりである。抜本的に変更した企業が多い項目は，上記のほかに16．情報システムがあげられる。情報システムの変更は，震災をきっかけに企業の保有するサーバの移転や分散化を実施したり，地震速報や従業員の安否確認などの情報収集のシステム投資を行ったからではないだろうか。

　一方で，ほとんどの企業が1．ミッション，3．ビジネスモデル，5．業績評価の制度，6．新製品の開発計画，7．海外事業計画，18．資金計画，について変更を行っていないこともわかった。ミッションやビジネスモデルは変更されておらず，事前の予測どおりであった。資金計画については，前述の「震災による負の影響」においては，「資金繰りの悪化」のスコアの平均値が低かったことから，計画の変更をする必要があまりなかったことが想定される。

図表6-13 経営管理の変更についての分布

	この取組みを行っていない 1	変更を行った 応急対処的 2	変更を行った 抜本的 3	変更を行わなかった 4	n
1. ミッション（10年程度の長期的な使命）	12.8% 35	4.4% 12	7.0% 19	75.8% 207	273
2. 社会的責任の考え方（企業存続の意義について）	4.0% 11	9.9% 27	13.9% 38	72.3% 198	274
3. ビジネスモデル	4.0% 11	8.8% 24	7.3% 20	79.9% 219	274
4. 事業ポートフォリオ（事業の統廃合）	8.0% 22	4.4% 12	5.1% 14	82.5% 226	274
5. 業績評価の制度	7.2% 20	2.9% 8	1.1% 3	88.8% 245	276
6. 新製品・新規事業の開発計画	5.1% 14	8.1% 22	8.1% 22	78.8% 215	273
7. 海外事業計画	12.5% 34	4.4% 12	6.2% 17	76.9% 210	273
8. 中長期経営計画	4.0% 11	11.7% 32	15.3% 42	69.0% 189	274
9. 設備投資計画	2.9% 8	22.3% 61	20.1% 55	54.7% 150	274
10. 要員計画（含む配置転換）	2.2% 6	21.5% 59	10.9% 30	65.3% 179	274
11. 報酬の体系	6.2% 17	3.7% 10	0.4% 1	89.7% 245	273
12. マーケティング計画	6.6% 18	13.5% 37	8.0% 22	71.9% 197	274
13. 販売計画	4.4% 12	28.2% 77	13.6% 37	53.8% 147	273
14. 生産計画	10.3% 28	29.5% 80	13.3% 36	46.9% 127	271
15. 調達・物流計画	5.9% 16	36.4% 99	18.8% 51	39.0% 106	272
16. 情報システム	3.3% 9	12.0% 33	24.0% 66	60.7% 167	275
17. 利益計画・予算	1.5% 4	28.2% 77	13.9% 38	56.4% 154	273
18. 資金計画	4.4% 12	9.2% 25	7.0% 19	79.5% 217	273
19. 社会貢献活動（ボランティア，寄附等）	3.3% 9	30.2% 83	21.1% 58	45.5% 125	275

図表6-14　経営管理の項目別変更企業の割合

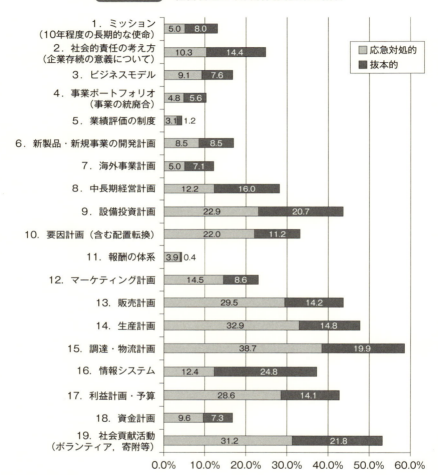

(注) 図表記載の割合 (%) は「この取組みを行っていない」を回答した企業を除いた実施割合を示す。

6　設備投資計画

パイロット調査の東洋刃物は，東日本大震災での津波被害により消失した工場を再建するための設備投資を行った。また，前述のとおり，今回の震災で「施設・設備の損傷（消失）」について，「全く影響がなかった」と回答した上場企業は13.8％（図表6-9）で，ほとんどの企業が施設・設備に多かれ少なかれ損傷を受けていることがわかった。

そこで，本節においては，復興段階における設備投資計画の実態を把握する。質問票調査においては，復旧/復興のための設備投資の実施状況，政府等からの補助金の利用状況，復旧/復興のための設備投資と平常時の設備投資の意思決定の比較について質問項目を策定した。

6.1　復旧/復興のための設備投資の実施状況

東日本大震災において被災した施設に対する復旧/復興のための設備投資の実施状況をみたものが**図表6-15**である。これをみると56.7％の企業が復旧/復興のための設備投資を行ったことがわかる。さらに復旧/復興のための設備投資の重要性についてみたものが，**図表6-16**である。設備投資の重要性については，1（全く重要でない）〜7（非常に重要である）の7段階で回答してもらい，平均値4.98，中央値6，回答の分布は半数以上の企業が6以上のスコアを選択していた。東洋刃物の事例では主力工場再建のための設備投資が行われたが，質問票調査の結果からも多くの企業で重要な設備への投資が実施されたことが明らかになった。

図表6-15　復旧/復興のための設備投資の実施状況

	企業数	累計数	割合	累計割合
設備投資を実施した	153	153	56.7%	56.7%
設備投資を実施していない	117	270	43.3%	100.0%
合計	270	-	100.0%	-

図表6-16 復旧/復興のための設備投資の重要性

	全く重要でない						非常に重要である	n	中央値	平均値	標準偏差
	1	2	3	4	5	6	7				
1．設備の重要性について	3.9%	13.2%	11.2%	6.6%	13.2%	21.7%	30.3%	152	6	4.98	1.94
	6	20	17	10	20	33	46				

(注) 被災した施設に対して，「復旧/復興のための設備投資を実施した」と回答した企業153社のうち152社が回答。

6.2 政府等からの補助金の利用状況

東洋刃物の事例においては，「グループ補助金の交付を受けることができたことによって，どのような投資を行えばよいかの目的が明確であった」ということから，政府等からの補助金の利用が設備投資の意思決定に大きな影響を与えたことがわかった。このことは，東洋刃物の事例における非常に特徴的な発見事項であった。果たして被災企業の多くは，設備投資の意思決定に対して，政府等からの補助金は影響しているのであろうか。それとも，東洋刃物の固有の事情であったのであろうか。

そこで，政府等からの補助金を利用したかどうか，そして政府等からの補助金の存在が設備投資の意思決定に対して，どの程度影響を与えたかについて質問をした。

その結果，政府等からの補助金の利用状況については，13.9%の企業が利用していることがわかった（**図表6-17**）。補助金の影響度については，1（全く影響を与えなかった）〜7（非常に影響を与えた）の7段階で回答してもらい，その結果，平均値4.19，中央値4であった（**図表6-18**）。回答企業数は少ないものの，回答の分布を見てみると，「全く影響を与えなかった」と回答した企業が3社（14.3%），4以上の回答をした企業は61.9%になった。パイロット調査における東洋刃物のケース同様に，補助金の交付が設備投資の意思決定に大きく影響した企業もあるが，全体としては大きな影響があったようにはみてとれない結果であった。

図表6-17　政府等からの補助金の利用状況

	企業数	累計数	割合	累計割合
補助金を利用した	21	21	13.9%	13.9%
補助金を利用していない	130	130	86.1%	100.0%
合計	151	-	100.0%	-

図表6-18　補助金の影響度

| | 全く影響を与えなかった | | | | | | 非常に影響を与えた | n | 中央値 | 平均値 | 標準偏差 |
	1	2	3	4	5	6	7				
1．補助金の影響度について	14.3% 3	0.0% 0	23.8% 5	19.0% 4	14.3% 3	14.3% 3	14.3% 3	21	4	4.19	1.91

(注)　復旧/復興のための設備投資に対して，「政府等からの補助金を利用した」と回答した企業21社が回答。

6.3　復旧/復興のための設備投資と平常時の設備投資の意思決定の比較

　設備投資は，長期的に企業の業績に大きな影響をもたらすため，合理的な設備投資の意思決定が重要である。よって，通常は，さまざまなシナリオを想定し計画を立案し，回収期間法やDCF法などの評価技法を用いて，設備投資計画の評価を行い，十分な時間をかけて投資の意思決定がなされる。しかしながら，東洋刃物においては，債務超過の解消のために極めて時間的プレッシャーの強い中，迅速に意思決定が行われた。その期間は，多賀城工場再建の方向性の決定まで約3ヵ月，正式な取締役会決議決定まで7ヵ月であった（図表5-2）。このように，東洋刃物では緻密な計画の評価に時間を割くよりも，素早く投資の判断を行うことを最優先した。それでは，他の被災企業ではどうであろうか。同様の傾向が見られるのであろうか。

　そこで，まず復旧/復興のための設備投資の意思決定までの期間について質問を行った。そして，復旧/復興のための設備投資における投資計画は，平常時の設備投資における意思決定と比較してどうであったかについて質問した。

　復旧/復興のための設備投資の意思決定までの期間についての回答結果は**図**

表6-19より，最小値は0ヵ月（「即に」など），平均値は1.96，中央値は1であることから，極めて早急に意思決定がなされたことがわかる。一方で，最大値は16ヵ月であり慎重に検討を行った企業もあることがわかる。また，回答企業の分布をみたものが図表6-20である。

図表6-19　意思決定までの期間

	n	最小値	中央値	平均値	最大値	標準偏差
意思決定までの期間（ヶ月）	138	0	1	1.96	16	2.05

（注）被災した施設に対して，「復旧/復興のための設備投資を実施した」と回答した企業153社のうち138社が回答。

図表6-20　意思決定までの期間

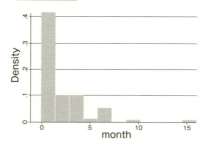

次に，復旧/復興のための設備投資における投資計画は，平常時の設備投資のにおける意思決定と比較してどうであったかについてみたものが図表6-21である。その結果，平常時と比べて2．震災時の設備投資の検討開始から意思決定までの期間は短かった（5.71），1．タイムプレッシャーがきつかった（4.89），4．検討した投資採算性にかかわるシナリオの数は少なかった（4.83），3．投資採算性の計算は重要な役割を果たさなかった（4.66）の項目の平均値が大きいことがわかった。これらは，東洋刃物の事例から得られた発見事項である「設備投資計画は，平常時とは異なりタイムプレッシャーが極めて強い中，緻密な計画の評価に時間を割くよりも，素早く投資の判断を行うことを最優先した」と一致する。

図表6-21　復旧/復興のための設備投資と平常時の設備投資の意思決定の比較

	全く異なる 1	2	3	4	5	6	全くその通り 7	n	中央値	平均値	標準偏差
1. 平常時と比べて,タイムプレッシャーがきつかった	6.7% 10	7.4% 11	5.4% 8	18.8% 28	16.1% 24	24.20 36	21.5% 32	149	5	4.89	1.8
2. 平常時と比べて,震災時の設備投資の検討開始から意思決定までの期間は短かった	3.3% 5	2.0% 3	1.3% 2	8.0% 12	17.3% 26	35.3% 53	32.7% 49	150	6	5.71	1.42
3. 平常時と比べて,投資採算性の計算(回収期間法,DCF法など)は重要な役割を果たさなかった	6.8% 10	4.1% 6	10.8% 16	24.3% 36	18.9% 28	18.9% 28	16.2% 24	148	5	4.66	1.69
4. 平常時と比べて,検討した投資採算性にかかわるシナリオの数は少なかった	6.1% 9	4.1% 6	5.4% 8	25.7% 38	18.9% 28	23.6% 35	16.2% 24	148	5	4.83	1.64
5. 平常時と比べて,採算性の計算に用いたデータの客観性は低かった	11.6% 17	8.8% 13	9.5% 14	36.1% 53	12.2% 18	12.2% 18	9.5% 14	147	4	4.03	1.73
6. 平常時と比べて,将来の減価償却費の増加が損益へ与える影響を重視しなかった	10.1% 15	9.4% 14	14.8% 22	27.5% 41	10.1% 15	15.4% 23	12.8% 19	149	4	4.15	1.81
7. 平常時と比べて,市場や技術に関するデータは少なかった	11.5% 17	10.8% 16	10.1% 15	32.4% 48	14.9% 22	14.9% 22	5.4% 8	148	4	3.95	1.68
8. 平常時と比べて,関連する複数の部門から必要な情報を得ることは難しかった	13.4% 20	17.4% 26	16.1% 24	29.5% 44	13.4% 20	6.0% 9	4.0% 6	149	4	3.46	1.59
9. 平常時と比べて,検討された代替案の数は少なかった	7.4% 11	6.1% 9	8.8% 13	31.1% 46	21.6% 32	12.8% 19	12.2% 18	148	4	4.41	1.64
10. 平常時と比べて,銀行やコンサルタントなど外部の専門家の意見を重視しなかった	8.8% 13	3.4% 5	6.1% 9	38.8% 57	12.9% 19	17.0% 25	12.9% 19	147	4	4.46	1.66

7 中長期経営計画

ここでは復興段階における中長期経営計画の実態を把握する。質問票調査においては，中長期経営計画の実施状況，震災後の中長期経営計画の再検討の実施状況，再検討時の重視項目について質問項目を策定した。

7.1 中長期経営計画の実施状況

震災以前の中長期経営計画の実施状況をみたものが，**図表6-22**である。9割以上の企業が中長期経営計画を策定していたことがわかる。そこで，次項において中長期経営計画が震災後どのように変化したかをみてみる。

図表6-22　中長期経営計画の実施状況

	企業数	累計数	割合	累計割合
中長期経営計画を策定していた	252	252	91.3%	91.3%
中長期経営計画を策定していなかった	24	276	8.7%	100.0%
合計	276	-	100.0%	-

7.2 中長期経営計画の再検討・変更の実施状況

そもそも，中長期経営計画は経営環境の変化に迅速に対応することが必要である。よって，環境が変化しているにもかかわらず，当初の計画に固執していたのでは，戦略実施に役立たないため，随時，「改訂」や「修正」，「変更」がされる。つまり，震災の影響によって，戦略実施が困難になったり，戦略を変更しなければならなくなった場合，この中長期経営計画も変更されることが想定される。東洋刃物の事例では，中長期経営計画は改訂され，その内容には震災に起因する重要な意思決定や，震災をきっかけとした経営方針の変更が織り込まれていた。それでは，他の被災企業においても中長期経営計画は変更されたのであろうか。また，変更されたなら，どのように変更したのであろうか。

中長期経営計画の改訂に際しては，まず改訂の必要があるかどうかを検討し，

そのうえで必要に応じて変更される。そこで，震災後に中長期経営計画の再検討を行ったかについてみたものが**図表6-23**である。回答企業うち32.7%が震災後，中長期経営計画の再検討を行ったことがわかる。設備投資の実施状況と比較すると低いが，約3割もの企業が中長期経営計画の変更を検討していた。

図表6-23　中長期経営計画の再検討の実施状況

	企業数	累計数	割合	累計割合
中長期経営計画の再検討を行った	82	82	32.7%	32.7%
中長期経営計画の再検討を行わなかった	169	251	67.3%	100.0%
合計	251	-	100.0%	-

(注)　震災以前は「中長期経営計画を策定していた」と回答した企業252社のうち251社が回答。

次に，再検討を行った際に，中長期経営計画のどのような内容を変更したかについてみたものが**図表6-24**，**図表6-25**である。経営計画の変更には2つの方法が考えられる。1つ目は，長い先のゴールである「財務目標数値」そのものを変更する方法。たとえば，震災の影響を受けて，事業をスクラップアンドビルドし，そもそものゴールの目標を変更する場合である。2つ目は，「財務目標数値」は変更せず，ゴールまでの途中の道のり，つまり「目標達成のためのプロセス」の変更をする方法である。たとえば，震災によって，ある事業部の今後の業績が見込めなかったが，その分を震災の影響が軽微だった他の事業部でカバーし，最終ゴールの「財務目標数値」は変更しない，というような「プロセスを変更する」場合である。どちらの変更方法をとるかによって，企業の行動は変わってくる。では，いったいどちらの変更方法をとったのであろうか。ここでは，71.9%の企業が「財務目標数値」の変更を，75.6%の企業が「目標を達成するためのプロセス」の変更を行ったと回答している。中長期経営計画が企業の将来に与える影響を考えると，この数値は決して低くないといえる。さらに，「財務目標数値」，「目標を達成するためのプロセス」ともに26.8%（22社）の企業が大幅な変更をしたと回答している。このことから，東洋刃物のケースと同様に，大幅な中長期経営計画の変更があった企業が存在することが確認できた。

図表6-24　中長期経営計画の変更の実施状況

	全く変更しなかった 1	軽微な変更をした 2	大幅な変更をした 3	n
1．財務目標数値	28.0% 23	45.1% 37	26.8% 22	82
2．目標を達成するためのプロセス	24.4% 20	48.8% 40	26.8% 22	82

(注) 東日本大震災の影響を踏まえて，「中長期経営計画の再検討を行った」と回答した企業82社が回答。

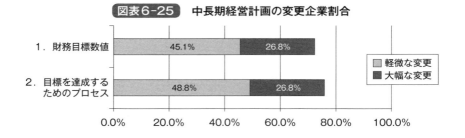

図表6-25　中長期経営計画の変更企業割合

7.3　中長期経営計画再検討の際の重視項目

　それでは，中長期経営計画を再検討した際，何が重視されたのだろうか。パイロット調査においては，中長期経営計画の内容について，なぜ改訂したのか，どのように改訂したのか，についての聞き取り調査を行ったが，何を重視して再検討（改訂）を行ったかについての調査は欠落していた。

　そこで，中長期経営計画の再検討を行った際に重視した項目について調査を行った（**図表6-26**）。質問票では，「中長期の経営計画の再検討を行った際，どの程度重要視したか」について1（全く重要視しなかった）〜7（非常に重要視した）の7段階で回答してもらった。各質問項目は，福嶋ほか（2011）における計画の目的を参考に10項目を列挙した。その結果，1．経営層の計画達成に対するコミットメント（責務），2．従業員のモティベーション（動機づけ），3．

全社のベクトルと各部門のベクトルの整合性といった中長期経営計画の本来の役割は重要視されていることがわかった。一方で，10．株主・投資家への情報開示（IR）や，5．顧客への情報開示，も同様に重要視されたことが発見された。これらのことは，パイロット調査では得られなかった新たな発見事項である。

図表6-26　再検討の際の重視した項目

	全く重要視しなかった 1	2	3	4	5	非常に重要視した 6	7	n	中央値	平均値	標準偏差
1．経営層の計画達成に対するコミットメント（責務）	3.7% 3	4.9% 4	4.9% 4	19.8% 16	22.2% 18	27.2% 22	17.3% 14	81	5	5.02	1.56
2．従業員のモティベーション（動機づけ）	4.9% 4	3.7% 3	7.3% 6	20.7% 17	26.8% 22	20.7% 17	15.9% 13	82	5	4.87	1.57
3．全社のベクトルと各部門のベクトルの整合性	4.9% 4	4.9% 4	2.5% 2	14.8% 12	29.6% 24	25.9% 21	17.3% 14	81	5	5.06	1.57
4．労働組合との関係	17.5% 14	17.5% 14	10.0% 8	31.3% 25	7.5% 6	13.8% 11	2.5% 2	80	4	3.45	1.72
5．顧客への情報開示	6.1% 5	7.3% 6	8.5% 7	25.6% 21	17.1% 14	19.5% 16	15.9% 13	82	5	4.62	1.72
6．供給会社への情報開示	6.2% 5	13.6% 11	8.6% 7	30.9% 25	12.3% 10	21.0% 17	7.4% 6	81	4	4.22	1.67
7．競合企業への対応	6.2% 5	12.3% 10	13.6% 11	37.0% 30	11.1% 9	9.9% 8	9.9% 8	81	4	4.04	1.62
8．政府・地方自治体への情報開示	11.1% 9	16.0% 13	9.9% 8	33.3% 27	11.1% 9	13.6% 11	4.9% 4	81	4	3.78	1.68
9．金融機関への情報開示	6.2% 5	8.6% 7	12.3% 10	28.4% 23	17.3% 14	18.5% 15	8.6% 7	81	4	4.32	1.63
10．株主・投資家への情報開示(IR)	3.7% 3	3.7% 3	4.9% 4	19.5% 16	19.5% 16	25.6% 21	23.2% 19	82	5	5.17	1.58

8 予算管理

　震災によって設備投資計画や中長期経営計画も変更され，かつ予算編成時と状況が一変し，予算数値はもはやベンチマークとして使えない状況になったと考えられる。このような状況にあって予算はどう扱われ，どのような役割を果たしたのだろうか。ここでは，予算管理の実態を把握したい。質問票調査においては，予算管理の実施状況，予算の目標値の臨時的な変更の実施状況，予算達成困難度の変化，予算編成方法の変更状況，予算の使用目的に対する重要性の変化について質問項目を策定した。

8.1　予算管理の実施状況

　震災以前の予算管理の実施状況をみたものが，**図表6-27**である。ほとんどの企業が予算管理を行っていたことがわかる。そこで，次節において予算管理が震災後どのように変化したかをみてみる。

図表6-27　予算管理実施状況

	企業数	累計数	割合	累計割合
予算管理を実施していた	274	274	99.6%	99.6%
予算管理を実施していなかった	1	275	0.4%	100.0%
合計	275	-	100.0%	-

8.2　予算の目標値の臨時的な変更の実施状況

　伝統的マネジメント・コントロールの教科書であるAnthony and Govindarajan (2007) は，予算設定時に想定した前提が実績値との比較が意味を持たないほどに非現実的となり，コントロールの役に立たない場合には予算は期中に修正されることになると述べている。一方で，パイロット調査のA社では予算修正は一切実施されなかった。それでは，他の被災企業でも震災の影響を受けて予算修正はされたのであろうか。震災後に予算の変更を行ったかについてみたもの

が，**図表6-28**である。5割以上の企業が震災後，全社レベルもしくは部門レベルで予算変更を行ったことがわかる。一方で，わずかであるが「目標設定を中止した」企業も存在することがわかった。

図表6-28 震災時予算変更実施状況

	全く変更をしなかった 1	軽微な変更をした 2	大幅な変更をした 3	目標設定を中止した 4	n
1．全社レベル	44.9%	34.9%	19.5%	0.7%	272
	122	95	53	2	
2．部門レベル	36.8%	38.2%	23.9%	1.1%	272
	100	104	65	3	

(注)「予算管理を実施していた」と回答した企業274社のうち272社が回答。

8.3 予算達成困難度の変化

予算とは企業の経営活動の計画を会計で表現したマネジメント・コントロールの手段であり，予算数値の達成は戦略の成功を意味する。さらにこの予算数値を業績評価のベンチマークとして利用することによって，組織メンバーを動機づけ，望ましい行動を実行するように誘導する。しかし，震災後の外部環境の変化が激しい状況においては，平常時とは異なり，予測のための手がかりを得ることは非常に困難であった。それでは，企業はどのように予算・業績評価を実施したのであろうか。

そこで，震災の影響によって予算の達成困難度はどのように変化するかについて着目した。予算の達成困難度が震災の影響によって，どのように変化すると予想したか，について1（達成することが非常に容易になると予想）～7（達成することが非常に困難になると予想）の7段階で回答してもらった。その結果，やや困難になる（平均値3.78，中央値：4）と予想する傾向がみられた（**図表6-29**）。

次に，予算を変更した企業に対して，平常時と震災を受けて予算変更した際の予算の達成困難度について，1（達成することが非常に容易である）～7（達成することが非常に困難である）の7段階で回答してもらった。その結果，震災

図表6-29　震災発生後の達成困難度の変化予想

	達成することが非常に容易になると予想した 1		2	変化なしと予想した 3	達成することが非常に困難になると予想した 4		5	n	中央値	平均値	標準偏差
1．平常時の予算編成方法	0%		4.1%	35.9%	37.7%		22.3%	273	4	3.78	0.84
	0		11	98	103		61				

(注)「予算管理を実施していた」と回答した企業274社のうち273社が回答。

の影響を受けて予算変更した後の予算達成困難度は平均値4.55，中央値4であり，変更後の予算の達成困難度のほうが平常時より平均値が高いことがわかった（**図表6-30**）。そこで予算の達成困難度について，平均値の差の検定を行ったが，有意な差はみられなかった（**図表6-31**）。

以上のことより，予算を平常時と同レベルの達成困難度にすることによって，業績評価のベンチマークとしてなんとか利用しようと努力したことがうかがえる。

図表6-30(A)　平常時の予算達成困難度

	達成することが非常に容易である 1	2	3	4	5	6	達成することが非常に困難である 7	n	中央値	平均値	標準偏差
1．平常時の予算の達成困難度	0%	2.2%	6.2%	40.7%	40.7%	10.3%	0%	273	5	4.51	0.85
	0	6	17	111	111	28	0				

(注)「予算管理を実施していた」と回答した企業274社のうち273社が回答。

図表6-30(B)　震災影響時の予算達成困難度

	達成することが非常に容易である 1	2	3	4	5	6	達成することが非常に困難である 7	n	中央値	平均値	標準偏差
1．変更後の予算の達成困難度	2.3%	3.4%	6.9%	39.7%	27.6%	12.6%	7.5%	174	4	4.55	1.26
	4	6	12	69	48	22	13				

(注) 東日本大震災の影響を受けて，予算の目標値を全社レベルもしくは部門レベルにおいて，「軽微な変更をした」もしくは「大幅な変更をした」と回答した企業174社が回答。

図表6-31 平常時と震災影響時の予算達成困難度の比較

	平常時		震災影響時		平均値の差	t値
	n	平均値	n	平均値		
予算の達成困難度	174	4.51	174	4.55	−0.03	−0.36

＊p<0.1，＊＊p<0.05，＊＊＊p<0.01

8.4 予算編成方法の変更状況

前述のように予算達成困難度は震災によってやや高くなったが，予算目標値の変更によって，平常時とほぼ同程度の予算達成困難度に維持された。しかし，震災によって当初の予算編成時点と状況が一変したうえ，平常時よりも少ない情報で，どのように予算達成困難度を平常時と同程度に修正できたのだろうか。はたして，被災企業では，震災影響時の予算編成方法と平常時の予算編成方法とは異なったのであろうか。

そこでまず，平常時の予算編成の方法について1（完全に事業部門からのボトムアップ）～7（完全に本社からのトップダウン）の7段階で質問を行った。その結果，**図表6-32**に示すように，平均値3.97，中央値4となった。

図表6-32 平常時の予算編成方法

	完全に事業部門からのボトムアップ					完全に本社からのトップダウン		n	中央値	平均値	標準偏差
	1	2	3	4	5	6	7				
1．平常時の予算編成方法	4.0%	10.3%	18.7%	33.3%	22.3%	7.7%	3.7%	273	4	3.97	1.35
	11	28	51	91	61	21	10				

次に同様の尺度で，震災の影響を最も強く受けた部門について，予算の臨時的な変更を行った際の予算編成の方法について質問を行った。その結果，平均値3.69，中央値4となった（**図表6-33**）。

図表6-33 震災影響時の予算編成方法

	完全に事業部門からのボトムアップ				完全に本社からのトップダウン			n	中央値	平均値	標準偏差
	1	2	3	4	5	6	7				
1．震災の影響を受けて予算の変更をした際の予算編成方法	5.2% 9	22.5% 39	22.0% 38	20.2% 35	13.9% 24	10.4% 18	5.8% 10	173	4	3.69	1.61

（注）東日本大震災の影響を受けて，予算の目標値を全社レベルもしくは部門レベルにおいて，「軽微な変更をした」もしくは「大幅な変更をした」と回答した企業174社のうち173社が回答。

さらに，震災の影響を受けて予算の変更を行った企業において，平常時と震災の影響を受けて予算の変更をした際の予算編成方法の平均値の差の検定を行った結果，有意な差が見られた（**図表6-34**）。つまり，震災の影響を受けて予算の変更をした際の予算編成方法は平常時よりボトムアップの予算編成がされたことがわかった。そして，これらの結果から，通常よりも現場の意見を予算数値に反映させることによって，達成困難度を平常時と同程度に維持することができたのではないかと推察される。

図表6-34 平常時と震災時における予算編成方法の差の検定

	平常時		震災時		平均値の差	t値
	n	平均値	n	平均値		
1．予算編成方法	173	4.03	173	3.69	0.33	2.68***

＊$p<0.1$，＊＊$p<0.05$，＊＊＊$p<0.01$

8.5　予算の使用目的の変化

平常時においては，予算数値を業績評価のベンチマークとして利用することによって，組織メンバーを動機づけ，望ましい行動を実行するように誘導する。しかしながら，A社の事例では，震災復興段階においては予算を目標管理や業績評価のために使用しなかった。それでは，震災によって予算の目標値の変更

が行われる状況において，予算を使用する目的の重要性に変化はなかったのだろうか。

そこで，平常時と震災影響時の予算の使用目的の重要性について，1（全く重要ではない）〜7（非常に重要である）の7段階で質問を行った。各項目については，Hansen & Van der Stede(2004)を参考にした。また，「5．決算短信などの業績予想開示のため」については，業績予測が予算に基づいて作成され，多くの場合，公表される予測値と予算上の数値が一致しているといわれているため（円谷，2009；黒川ほか，2009），項目に加えたものである。**図表6-35**に示すように，予算の使用目的については，各項目とも震災影響事業年度のほうが，平常時よりスコアが低いことがみてとれる。

図表6-35 予算使用目的の重要性について

		全く重要ではない					非常に重要である		n	中央値	平均値	標準偏差
		1	2	3	4	5	6	7				
1．業務計画の策定のため	平常時	0.4% 1	1.1% 3	0.4% 1	5.9% 16	20.4% 55	31.1% 84	40.7% 110	270	6	6.01	1.08
	震災影響事業年度	1.1% 3	0.8% 2	2.6% 7	7.8% 21	21.6% 58	26.9% 72	39.2% 105	268	6	5.85	1.24
2．部門長の業績評価のため	平常時	2.6% 7	5.6% 15	4.8% 13	22.6% 61	33.0% 89	18.9% 51	12.6% 34	270	5	4.85	1.42
	震災影響事業年度	3.7% 10	6.3% 17	7.8% 21	27.6% 74	31.0% 83	13.4% 36	10.1% 27	268	5	4.56	1.45
3．社内での目標を共有するため	平常時	0.7% 2	1.1% 3	0% 0	9.6% 26	17.8% 48	33.7% 91	37.0% 100	270	6	5.92	1.14
	震災影響事業年度	1.5% 4	1.1% 3	1.5% 4	10.4% 28	19.3% 52	30.5% 82	35.7% 96	269	6	5.79	1.27
4．戦略立案に役立てるため	平常時	1.1% 3	0% 0	3.3% 9	14.4% 39	23.7% 64	28.9% 78	28.5% 77	270	6	5.6	1.24
	震災影響事業年度	2.2% 6	0.7% 2	4.1% 11	15.6% 42	24.2% 65	26.4% 71	26.8% 72	269	6	5.45	1.37
5．決算短信などの業績予想開示のため	平常時	0.7% 2	1.5% 4	1.9% 5	15.6% 42	16.3% 44	31.9% 86	32.2% 87	270	6	5.7	1.27
	震災影響事業年度	1.1% 3	1.5% 4	3.0% 8	16.4% 44	15.7% 42	29.9% 80	32.5% 87	268	6	5.63	1.34

次に，これらの項目について平常時と震災影響事業年度について平均値の差の検定を行った結果，5．決算短信などの業績予想開示のため，以外は有意な差が見られた（**図表6-36**）。つまり，5．決算短信などの業績予想開示のため，以外の4項目については，震災影響時のほうが平常時より予算の使用目的の重要性が低いということがわかった。

図表6-36 平常時と震災影響時の予算使用目的の重要性の比較

	平常時		震災影響事業年度		平均値の差	t値
	n	平均値	n	平均値		
1．業務計画の策定のため	268	6.01	268	5.85	0.15	3.33***
2．部門長の業績評価のため	268	4.84	268	4.56	0.27	4.94***
3．社内での目標を共有するため	268	5.91	268	5.80	0.12	2.86***
4．戦略立案に役立てるため	268	5.60	268	5.46	0.15	3.28***
5．決算短信などの業績予想開示のため	267	5.69	268	5.64	0.04	1.20

*p<0.1, **p<0.05, ***p<0.01

9　質問票調査における主要な発見事項

本節においては，質問票調査で得られた知見について，被災状況，震災時の経営管理，設備投資計画，中長期経営計画，予算管理の5項目に沿って要約する。

9.1　被災状況

被災状況をみてみると，8割以上の企業に負の影響があったことがわかる。行政の指定する被災6県に主要な事業所等を有していた企業のほうがそうでな

い企業より負の影響があったと回答していた。一方で，被災6県に主要な事業所等を有していないにもかかわらず負の影響があった企業が81社（29.2%）も存在したことは看過できない。つまり東日本大震災は，被災6県の企業だけに負の影響を及ぼしたのではないことがわかった。

　負の影響の範囲は多岐に及んだ。震災による物理的な影響といえる施設・設備の損傷（消失）や，原発事故に起因する東日本大震災固有の影響である電力不足があった。このような企業の営業活動や生産活動に物理的な影響を及ぼす被害以外にも，仕入・調達の困難，物流交通網の混乱といった企業の外の要因による影響も大きかったことがわかった。また，売上の減少の影響も大きく，これは仕入・製造・販売が困難になったことによる売上の減少のほか，消費マインドの低下や風評被害などの要因による被害があったと考えられる。しかしながら，資金繰りの悪化や従業員の不足などの影響は非常に少なかった。被災6県に主要な事業所等を有している企業とそうでない企業について，平均値の差の検定を行った結果，施設・設備の損傷（消失），物流交通網の混乱，電力不足，従業員数の不足について有意な差がみられた。これらの平均値はすべて被災6県に主要な事業所等を有していた企業のほうが高く，負の影響が大きかったことがわかった。

　復旧/復興状況については，効率性，スピード，有効性，満足度とも著しく低い平均値や中央値はみられなかった。このことから，復旧/復興状況については，著しく悪い状況ではないことがわかった。ただし，将来の成長につながる有効性については相対的に低いスコアであった。これらのことから，復旧/復興活動は震災前の経営状況に戻すことはある程度できたものの，それ以上の成長に貢献するほどではなかったと考えられる。あくまで，一時しのぎの取組みでしかなかったではなかろうか。また，被災6県に主要な事業所等を有する企業とそうでない企業について，平均値の差の検定を行ったが，有意な差はみられなかった。

9.2 経営管理全般

震災の影響を受けて，企業は環境変化に適応するためにさまざまな経営管理項目を変更したことがわかった。つまり，震災後は被災した施設・設備に対する設備投資計画，単年度の利益計画である予算，そして予算をさらに業務レベルに落とし込んだ販売計画，生産計画，調達・物流計画の変更を実施した企業が多いことがわかった。一方で，ミッションやビジネスモデル等の戦略の上位概念に近い部分の項目を変更した企業は少なかった。また，社会貢献活動（ボランティア，寄附等）についても変更を実施した企業は多かった。これらは，事前の予測と合致するものであった。

一方で，計画系の項目において，資金計画を変更した企業が多くなかったのは，本章第3節の震災の負の影響において，「資金繰りの悪化」のスコアの平均値が低かったことから，計画の変更をする必要があまりなかったと考えられる。

9.3 設備投資計画

東日本大震災において被災した施設に対する復旧/復興のための設備投資は56.7%の企業で実施されていたことがわかった。さらに復旧/復興のための設備投資の重要性については，多くの企業で重要な設備への投資が実施されていたことがわかった。

政府等からの補助金の利用状況については，13.9%の企業が利用していることがわかった。補助金の影響度については，平均値，中央値とも著しく高いスコアではなかった。パイロット調査における東洋刃物のケース同様に，補助金の交付が設備投資の意思決定に大きく影響した企業もあるが，全体としては大きな影響があったようにはみてとれない結果であった。

復旧/復興のための設備投資の意思決定までの期間については，最小値は0ヵ月（「即に」など），平均値は1.96，中央値は1であることから，かなり早急に意思決定がなされたことがわかった。一方で，最大値は16ヵ月であり慎重

に検討を行った企業もあることがわかった。

　復旧/復興のための設備投資における投資計画は，平常時の設備投資における意思決定と比較して，「震災時の設備投資の検討開始から意思決定までの期間は短かった」，「タイムプレッシャーがきつかった」，「投資採算性の計算は重要な役割を果たさなかった」「検討した投資採算性にかかわるシナリオの数は少なかった」の項目の平均値が大きいことがわかった。これらは，事例研究から得られた発見事項と一致した。すなわち，震災後，今後の見通しがどうなるかもわからない状況で，企業は限られた情報を用いて設備投資計画を策定した。そのため，平常時よりも少ない代替案で検討せざるを得ず，通常であれば緻密に行われるはずの投資採算性の計算やシナリオ分析よりも，タイムプレッシャーの中，スピードを重視した設備投資意思決定が行われたと考えられる。

9.4　中長期経営計画

　震災以前の中長期経営計画の実施企業は252社で9割以上の企業において，中長期経営計画が策定していたことがわかった。これらの企業のうち約3割の企業が震災の影響を受けて再検討を行った。そして，再検討を行った際に，中長期経営計画の「財務目標数値」，「目標を達成するためのプロセス」を約7割の企業が変更していた。また，大幅な変更を実施した企業は26.8%存在し，パイロット調査での東洋刃物の事例研究の発見事項同様に，中長期経営計画の大幅な変更を行った企業が存在することが確認できた。

　中長期経営計画の再検討を行った際に重視した項目は，「経営層の計画達成に対するコミットメント（責務）」，「従業員のモティベーション（動機づけ）」，「全社のベクトルと各部門のベクトルの整合性」であることがわかった。また，「株主・投資家への情報開示（IR）」も重要視されたことが発見された。一方で，「労働組合との関係」，「政府・地方自治体への情報開示」はあまり重要視されなかった。これらの結果から，震災後の中長期経営計画の検討では，本来の役割（コミットメント，モティベーション，ベクトル）は変わらず重視されたことが明らかになった。一方で，株主・投資家への情報開示が相対的に最も高い平

均値を示している。中長期経営計画は株主・投資家に対して企業の将来像を示すツールとして平常時も重要であるが，それが震災後に最も重視されたことが明らかになった。当時の状況を踏まえると，将来が不透明で確実な情報がなかった中で，株主・投資家もおそらく不安を抱えていたと推測される。その状況で中長期経営計画の情報開示機能が重視されたということは，震災からの復興段階において，中長期経営計画が外部とのコミュニケーション・ツールとしての役割を果たしていたと考えられる。

9.5 予算管理

震災以前の予算管理の実施状況は，ほとんどの企業が予算管理を行っていたことがわかった。これらの企業のうち，5割以上の企業が震災後，全社レベルもしくは部門レベルで予算変更を行ったことがわかった。一方で，わずかであるが「目標設定を中止した」企業も存在した。

また，震災の影響によって予算達成困難度はやや高くなると予想されたが，目標数値の変更によって，ほぼ平常時のレベルに維持された。正確なデータの入手が困難な中で，平常時と同程度の予算達成困難度に修正できたのは，震災後の予算編成方法の変更にあると考えられる。

震災の影響を受けて予算の変更を行った企業において，平常時と震災の影響を受けて予算の変更をした際の予算編成方法の平均値の差の検定を行った結果，有意な差がみられた。つまり，震災の影響を受けて予算の変更をした際の予算編成方法は平常時よりボトムアップの予算編成がされたことがわかった。これらの結果から，通常よりも現場の意見を予算数値に反映させることによって，達成困難度を平常時と同程度に維持することができたと考えられる。

平常時と震災影響時の予算の使用目的の重要性について平常時と震災影響事業年度について，平均値の差の検定を行った結果，「業務計画の策定のため」，「部門長の業績評価のため」，「社内での目標を共有するため」，「戦略立案に役立てるため」について有意な差がみられた。つまり，これら4項目について，震災影響時のほうが平常時より予算の使用目的の重要性が低いということがわ

かった。一方で,「決算短信などの業績予想開示のため」については,有意な差はみられなかった。これらの結果から,震災からの復興段階において,予算の計数管理としての本来の役割は弱まったものの,中長期経営計画と同様に,外部への情報伝達にかかわる役割は維持されたと考えられる。

10　おわりに

　本章では,大規模質問票調査の分析によって,東日本大震災による影響,震災後のマネジメント・コントロールの実態を客観的に測定しようと試みた。具体的には,第3章で提示した第1の研究課題に対する具体的な設問1「震災復興段階において成果コントロールは使用されたのか」と設問2「震災復興段階において成果コントロールの使用方法は平常時と異なるか」について,「設備投資計画」,「中長期経営計画」,「予算管理」の3つの管理会計ツールを中心に分析してきた。

　まず,復興段階においても管理会計ツールを用いた成果コントロールは行われたといえる。中長期経営計画は,最終的な目標値を変更する方法と目標を達成するためのプロセスを変更する方法がみられたが,その変更によって本来の目的(コミットメント,動機づけ,ベクトル)の重要性は維持され使用された。また,予算の目標達成困難度は震災によって高まったが,予算編成方法をトップダウン型からボトムアップ型へ変更することによって,現場の情報を予算修正に取り込んだ。その結果,目標達成困難度は平常時と同程度に調整され,予算はベンチマークとして使用された。

　一方で,震災復興段階において成果コントロールの使用方法は平常時とは異なる特徴があることがわかった。まず,復旧/復興のための設備投資計画では,採算性計算やシナリオ分析に基づく緻密な将来予測よりもスピードが重視された。また,中長期経営計画の本来の役割は,復興段階でも変わらず重視された。しかし,予算については本来の成果コントロールとしての重要性が弱まった。

加えて，震災発生から復興段階における特有の役割があることも明らかになった。中長期経営計画では，顧客への情報開示，株主・投資家への情報開示の役割が重視され，外部とのコミュニケーション・ツールとしての役割を果たしたことが明らかになった。同様に，予算も，決算短信などで業績予想開示として外部へ情報伝達するための役割は維持された。

　第5章のパイロット調査の分析結果と本章における質問票調査の分析結果から，震災復興におけるマネジメント・コントロールの実態を把握することができた。しかしながら課題も残っている。まず，本章で得られた知見は大規模質問票調査に基づく結果であり，震災によって影響を受けた企業の一般的な傾向を示しているにすぎない。たとえば，予算は震災後，成果コントロールとしての本来の役割の重要性が弱まったという傾向は明らかになった。しかし，成果コントロールとしての役割の重要性が弱まった時，その役割は何によって補完もしくは代替されたのかについては明らかにできなかった。さらに，今回の震災のような危機的な状況から素早く復旧/復興を遂げる要件についても明らかにすることはできなかった。よって，次章においては，震災から平常への復帰を遂げるためのベストプラクティスとはどのようなものかを調査する。

◆注
1　有効回答に含めなかった2社は，質問票の設問2および設問3について未回答であった企業である。つまり，被災6県における主要な事業所等の有無，震災による負の影響の有無は本調査結果の分析において重要な前提条件であるため，当該設問を未回答の企業を有効回答から除くこととした。
2　本書で使用している上場企業の会計数値は，2013年10月1日現在において開示されている各社の直近の有価証券報告書の数値をNEEDS Financial QUEST（㈱日本経済新聞デジタルメディア）から取得した。なお，特に記載のない限り，数値はすべて連結決算ベースのものである。

113

第7章

震災復興における優れた マネジメント・コントロールの解明 ——オムロンの事例

1 はじめに

　第5章，第6章でのパイロット調査と大規模質問票調査を通じて，復興段階におけるマネジメント・コントロールの実態を把握することができた。しかしながら，本研究のファースト・ステップでは一般的企業がとる復興段階のマネジメント・コントロールの事例収集であったため，どのようにしたら優れたマネジメント・コントロールが行えるか，という点に関する知見は得られなかった。そこで，本章では第2の研究課題「復興段階における優れたマネジメント・コントロールの解明」を行う。つまり，具体的な設問3「震災復興段階では，成果コントロールの使用が困難になるか」，設問4「震災復興段階では，成果コントロールは文化コントロールの使用で補完されたか」，そして設問5「平常時に戻ると，マネジメント・コントロールはどのようになるか」の解明である。

　本章では，第2節においてオムロンで行った調査手続を紹介する。第3節で震災復興段階でのオムロンにおけるマネジメント・コントロールについて，「震災前の状況」，「震災直後の影響」，「震災復興への対応」，「震災数ヵ月後」の順に記述する。第4節では，それらの記述内容を研究課題に沿って「成果コントロール」，「文化コントロール」という視点から分析を行う。

2　調査手続

　本書では復興段階において戦略実現の達成のために優れたマネジメント・コントロールを実施した企業を抽出し，どのように実施したのか，なぜ実施したのかを明確にする必要がある。つまり，東日本大震災で戦略策定と実施の再考が必要となった被災企業のうち，優れたマネジメント・コントロールを実施した適切なリサーチサイトを選択し，実情をインタビューや記録から明らかにし，知見を蓄積していく必要がある。よって，本研究では事例研究を採用した。

　そこで，リサーチサイトとして，オムロン株式会社（以下「オムロン」）を選択した。オムロンは電気機械器具，電子応用機械器具，精密機械器具，医療用機械器具，その他の一般機械器具の製造・販売等を中心とした事業を展開しており，その製品の範囲は産業用制御機器コンポーネントの全分野，システム機器，生活・公共関連の機器・システム等広範囲である。2014年3月期における資本金は641億円，子会社156社（国内37社，海外119社），関連会社10社（国内8社，海外2社），連結ベースで従業員数は36,842名である（本社所在地：京都府京都市下京区塩小路通堀川東入）。

　調査対象として選択した理由は，次のとおりである。同社は工場等の生産設備への直接的な影響はなかったものの，東北地方に製造拠点を構える多くのサプライヤーが被災し，16,000点以上の部品が影響を受けた。その結果，震災直後には残り5日間分の生産在庫しか調達できない状況に直面した。さらに，このような多大な影響を受けながらも，後述するようにガイドラインがない中で震災前の経営状況に早期に戻すことができた，復興段階のマネジメント・コントロール実施の成功事例と考えられる。そこで，この企業を調査することによって，震災復興の際にどのようにしたら優れたマネジメント・コントロールが実施できるかを明らかにすることが可能になると考える。

　聞き取り調査においては，震災復興の際の意思決定と業績評価に関して半構造化インタビューを実施した。インタビューの対象者は，オムロン株式会社で

震災対策プロジェクトチームの中心として活動していた執行役員2名，事業開発担当の藤本茂樹氏およびSCM統括を担当する吉川浄氏である。聞き取り調査は，2013年8月と2014年1月，5月，9月の4度にわたって実施した。インタビューの対象者は，**図表7-1**のとおりである。事例の記述では，インタビューに加え，内部資料等の二次データも利用した。

図表7-1 インタビューの対象者

調査日（時間）	対象者（役職はインタビュー時）
2013年8月30日（2時間）	執行役員事業開発担当　　　　　　　　　　藤本 茂樹 氏
2014年1月20日（2時間）	執行役員事業開発担当　　　　　　　　　　藤本 茂樹 氏 執行役員SCM統括担当　　　　　　　　　　吉川　浄 氏
2014年5月14日（2時間）	執行役員事業開発担当　　　　　　　　　　藤本 茂樹 氏
2014年9月3日（2時間）	執行役員事業開発担当　　　　　　　　　　藤本 茂樹 氏

3　オムロンのケース

オムロンの事例を，(1)震災前の状況，(2)震災直後の影響，(3)震災復興への対応，(4)震災数ヵ月後の4つの段階に分けて記述する。なお，各段階においては，成果コントロール（意思決定や業績評価の方法），文化コントロール（企業理念）に焦点をあて実態記述を行う。

3.1　震災前の状況

オムロンでは，カンパニー制が採用されており，工場自動化用制御機器事業，家電・通信用電子部品事業，自動車用電子部品事業，健康・医療機器事業，社会システム事業の5つのビジネスカンパニーからなる。これら5つのビジネスカンパニーで取り扱う製品は，すべて「センシング技術＆コントロール技術」という中核技術に基づいており，FAのような工場等のマシンコントロールを

行う機器（工場自動化用制御機器事業）から自動車のパワーステアリングの装置（自動車用電子部品事業）や，血圧計（健康・医療機器事業），道路上の交通信号機，鉄道の改札などの駅務自動化システム（社会システム事業）まで広範囲である。それぞれの製品の部品調達については，たとえば血圧計の部品とFA用のコントローラーの部品の中には共通部品がある等，調達に関しては各自の購買機能と本社集中購買で実施してきた。

　カンパニーでは企画・開発・生産・販売までの機能を有しており，それぞれの事業部門のP/L（利益）に責任を持つ。カンパニーの事業戦略についても，それぞれの責任で立案・実行しており，意思決定の主要素は一般的な企業と同様に管理会計中心であった。各カンパニーのトップは，ROI，ROICや企業価値，SOM（Share of Market: マーケットシェア）などの数値をもって意思決定をしている。役員および従業員の業績評価についても，各カンパニーの売上高や収益等の数値目標の達成度を用いて実施されていた。

　このようにオムロンでは平常時においては，一般的に分権化された企業の特徴である，他のカンパニー事情に依存せず各カンパニーが各々独立した事業について，各自の業績を高める活動をすることで全社の業績が向上する，という構図が成り立っていた。よって，このとき，他カンパニーをことさら考慮しなくても全社最適は大きく損なわれることはなかった。

　このように各カンパニーが独立して戦略立案・実行を行っている一方で，オムロンには海外拠点も含めたグループ共通の価値観として，「我々の働きで，我々の生活を向上し，より良い社会を作りましょう」という50年以上にわたって継承されてきた社憲がある。この社憲の考えを端的に表したものとして，企業理念「企業は社会の公器である」があり，オムロンではこの企業理念と社憲の徹底を行っている。世界各地の300拠点のオフィスに現地の言葉で企業理念と社憲を掲げ，毎朝朝礼で唱和する等によって全従業員への周知徹底を図っている。また，役員も含めた理念教育（研修）の実施を通じて，グループ共通の価値観を醸成してきた。このような共通の価値観の醸成について藤本氏は「(営利企業であるから）基本的には売上や利益は当然追うわけですが，その向こう

に必ず社憲と理念があるという考えで今も運営をしています」と語っている。とはいうものの，平常時においては，前述のとおり，ROI，ROIC，企業価値，SOMを用いて意思決定を行い，売上や収益の数値目標の達成度を用いて業績評価をするという管理会計を中心としたコントロールであった。

3.2 震災直後の影響

東日本大震災においては，幸いにも東北地方に生産拠点を有しておらず，生産機能への直接的な影響はなかった。しかしながら，製品生産に必要な部品の国内サプライチェーンが崩壊し，経営に大きな影響を与えた。具体的には，東北地方に製造拠点を構える多くのサプライヤーが被災したことにより，部品供給が停止した。さらに，被災程度が少ない1次サプライヤーも，震災によりガスや樹脂，金属といった2次サプライヤーによる原材料の供給が停止したことによって製造不能となり，オムロンへの半導体や成形材料などの部品供給ができなくなった。このようにして，サプライヤー100社以上が震災の影響を受け，サプライチェーンが崩壊した。その結果，オムロンでは16,000点以上もの部品供給が停止され，CPUやコンデンサなどの原料が製品製造5日間分しか調達できない状態に直面した。部品調達の状況が時々刻々と変化しているなか，「平常時に行っている（財務数値を用いた）リスク算定がまったくできない状況」であり，明確なガイドラインがない中で，これまでの管理会計中心の意思決定を行うことは不可能であった。さらに，現場では混乱状態にあった。「復旧用の商品を作り続けろ」，「信号機復旧を最優先しろ」というような比較的利益率が低い製品でありながら震災復旧に必要である製品を作るべきだという声があがる一方，「売れ筋商品を作らないと利益が出ない。P/L（利益）はどうするんだ」といった企業存続のために利益を懸念する声もあった。また，共通部品を使用している製品については，カンパニー間で調達が困難になった部品の取り合いが起きる可能性が出てきた。つまり，カンパニー間の相互依存性が急激に高まり，他カンパニーの行動を考慮しないと全社最適を損ねる可能性が高まった。

このように，組立型産業で部品供給が止まることは事業継続の前提条件が崩れることである。そして，これまでの環境変化とは異なり，予算が指針としての役割をもはや果たさなくなった。一方で，自カンパニーの利益を増大することで全社の業績が向上するというこれまでの構図が成立しなくなるが，全社最適のために正しい経営判断を行う術を持っていなかった。そのため現場は混乱し，従来の管理会計を中心としたコントロールに従っていては，カンパニートップは現場に的確な指示が出せなくなった。オムロンでは「P/L（利益）では組織をコントロールできない」状況に陥り，「他の運営軸が必要」となった。

3.3 震災復興への対応

震災翌日に開かれた緊急経営会議において，「P/L（利益）維持より，企業理念に基づいた企業活動を最優先する」ため，①人身の安全を確保する，②社会インフラの維持や混乱の防止，震災からの復興に全面的に協力する，③オムロンの事業への悪影響を最小化する，という優先順位で3つの方針が打ち出された。つまり，自社の収益性への影響よりも社会インフラの維持や震災復興を優先するという方針であり，全社最適のための経営判断は「社憲と企業理念。この2つに戻ろう。それしかない」ということとなった。

具体的には，「（財務的に）リスクとメリットを算定していくような意思決定はもう当面停止。企業の使命にフォーカスしようとなった」と藤本氏は述べている。そして，「P/L（利益）維持をやめ，企業理念に基づいた企業活動を最優先する」ため，オムロンでは意思決定や業績評価の方法が次のように変化した。

意思決定の主要素は管理会計中心から理念中心へとなった。オムロンでは，「企業は社会の公器である」という理念を最優先するため，発生する問題に対し，トップだけでなく現場の人間も「CSR，安心・救援・（被災地）復興」に資するかどうかを判断基準として意思決定することになった。さらに，この方針変更の後，「震災対応で目標やその遂行が影響を受けた場合は，マネジメント側がきちんと共有し，それを評価に反映させる。すなわち，（影響を受けた従業員は）震災対応を優先するうえで評価を気にする必要はない」という決定が

された。そして，業績評価については，「供給責任を果たすこと」を第1とし，「社会的責任の達成度合い」を用いることになった。具体的には，上司との評価面接の際に，評価内容について話し合い，震災影響により目標達成に影響が出た場合は，業績評価にその影響を反映させた。これは，従業員の中に震災影響の程度について軽重があったためである。震災影響を多大に受けて既存の数値目標達成が困難になる場合もあれば，震災影響をほとんど受けず目標達成の困難度が変わらない場合もあり，従業員間においてアンフェアとなることが懸念された。さらにこのことによって震災対応の速度が落ちることを懸念し，それを回避するために業績評価方法の変更を行った。

このような意思決定や業績評価の主要素の変化によってオムロンでは以下のような行動をとった。

まず，製品セグメントごとに優先順位を決定し，部品，生産能力等の資源を集中配置した。平常時なら顧客ニーズに適合しながら，効率を追求できるように資源配分を行っている。しかし，「徹底的に製品供給を維持する」ように資源配分方法を変更した。たとえば，停電している地域では，喘息患者のための健康機器として電池で使用することができる電子式ネブライザーが必要とされていた。また，血圧管理をしている人たちは，電池式の血圧計が緊急に必要になった。これらの2つの製品は利益率が低い製品であるものの，「絶対に（供給を）止められない」と判断した。さらに，このような健康機器については，被災者への寄附をすることを決定した。

また，津波被害で使用不能となった電源関連機器などの産業部品や信号機等の工業機器など，被災地の復旧活動に必要とされる製品についても優先的に生産することを決定した。そして，これらの製品を顧客に供給するために，緊急性のない製品の製造・販売を停止し，調達した部品を緊急対応，復旧対応に必要な製品の製造に集中して配分した。

このようなトップの意思決定に伴い，営業担当者はもはや「震災対応を優先するうえで評価を気にする必要はない」ため，製品供給の優先順位変更による納期不安定化に対して，顧客の理解を求めるために奔走した。当初は，優先順

位が低い製品の顧客からは納期不安定化に対する反発の声もあったが，営業担当者がオムロンの方針の説明と代替品の提案をすることによって大きな問題にはならなかった．

　一方，部品調達においては緊急的に部材を購入するため，平常時の価格では購入することが困難であった．特に海外からの調達においては，急激な値上げが発生した．普段の資金繰りでは対応できない事態となった．そこで，そのような資金需要に対処するため，緊急的な資金調達として社債発行を行った．このとき，原料の調達の全体指揮をとっていた藤本氏は，「（海外の原料サプライヤーからは）『いつも買っている値段の倍以上でないと売りません』とか，平気でいわれるわけです．でも，もうROIの管理を外しているので，『わかった．それでも買う』といいました」と語っている．

　そして，藤本氏は，顧客基盤を失ってしまうおそれがあるものの，「このときはもう利益も売上も関係ないと（社長が）いっているから，競合にとられても，お客さんがそれで（製品を）作れるならそれでいい，という風に割り切りました．要は，日本全体をみたときに，オムロンがどうとか，他社がどうとか，そんなの関係ない．自社が供給できないところに，他社が供給して，供給が維持できたなら，これは成功とみよう」と考えたと語っている．このような考え方は「普段では絶対そうならない」ことだった．結果的には「FA系のメーカーで供給が切れなかったのはオムロンだけ」であった．そして，「あれができたのは，たぶん一番はじめにROIを捨てて，理念にまじめにするというように切り替えたことだったと思いますね」と藤本氏は述懐している．

　理念中心の意思決定と業績評価への変更によって迅速かつ的確にマネジメントできるようになったことについて，藤本氏は「理念はもう，私がいちいちみんなに説明する必要ないので，意思統一が非常に簡単です．Eメール一発．『俺がこれから指揮する，理念ドライブにするぞ』とメールを打てば，基本的にはそれで伝わる」と語っている．

　ところで，このように理念中心の意思決定は企業の採算に悪影響を及ぼす可能性がある．よって，株主からの反対にあうのではないかという懸念も生まれ

る。しかしそれについて藤本氏は「震災時は株主も『社会的責任を果たす』ということに賛同してくれた」と語っている。

3.4 震災数ヵ月後

　一方で，このように意思決定や業績評価の主要素は管理会計中心から理念中心に変更されたが，震災からの復興が進み平常時に戻ると，意思決定や業績評価は管理会計中心に戻った。このことについて，藤本氏は「絶対に元に戻りますね。なぜかというと，株主が許さないでしょう」と語っている。つまり，一般的に，上場企業であれば，平常時は株主からの利益や配当に対する言及があるからである。

　このように意思決定や業績評価の主要素は震災前と同じに戻ったものの，藤本氏は震災復興の際の理念中心の意思決定や業績評価に対して，「地震で気づかされたことがある。オムロンという企業が持っている強みがでたわけですよ」と語っている。社員自らが理念に従って判断し行動することは容易ではない。日頃から理念教育を通じて共通の価値観を醸成してきたからこそ，このような理念に基づく意思決定への切り替えに従業員は対応できた。この一連の経験からオムロンでは，震災後は理念教育のさらなる強化を実施するようになった。これまでの理念教育は，「理念と実業務が分離された状態」であったと認識し，震災後は「実業務と理念を合体させたイベント実施」に取り組んでいる。

　後日談となるが，このように理念に基づいて行動した結果，健康機器については，被災地で寄附を受けた消費者からの「あの時に使った商品だ」という指名買いが増加し，震災後は東北地方の消費者の獲得によるマーケットシェア拡大につながった。また，交通管制機器，鉄道用設備機器についても，「オムロンは緊急時でも対応してくれる」という安心感を顧客から得ることができ，マーケットシェアを拡大できた点も付け加えておきたい。

4　オムロンでの調査結果の分析

先の事例から，震災前後のオムロンの意思決定・業績評価の主要素について，ここまでの記述を取りまとめると**図表7-2**のようになる。

図表7-2　オムロンの震災前後の変化

	震災前	震災復興段階	震災後
意思決定の主要素	管理会計中心 ・ROI，ROIC ・企業価値 ・SOM	理念中心 ・CSR ・安心 ・救援 ・被災地復興	管理会計中心 ・ROI，ROIC ・企業価値 ・SOM
業績評価の主要素	目標数値の達成度合い ・売上高 ・収益	社会的責任の達成度合い ・供給責任を果たすこと	目標数値の達成度合い ・売上高 ・収益

このように，オムロンは平常時より意思決定や業績評価に管理会計を用い，成果コントロールを行ってきた企業である。そして，震災復興の際には意思決定の主要素を理念とし，業績評価については，理念に基づく社会的責任の達成度合いを用いた。このことから，理念を用いた文化コントロールを実施し，それが復興段階における効果的なマネジメント・コントロールであることがわかった。また，平常時に戻ると，震災前と同様のマネジメント・コントロールに戻ったこともわかった。これを受けて，第3章で提示した第2の研究課題に対する具体的な設問についての分析を行う。

まず，設問3「震災復興段階では，成果コントロールの使用が困難になるか」について検討を行う。

オムロンでは，震災翌日の緊急経営会議において，「P/L（利益）では組織をコントロールできない」と判断し，「P/L（利益）維持より，企業理念に基づいた企業活動を最優先する」ことが決定された。このことによって，オムロンでは意思決定からROI，ROICや企業価値，SOMなどの数値目標が放棄され，目

標値の達成度よる業績評価を行わないことが決定された。これまでの環境変化とは異なり，もはや予算が指針としての役割を果たさなくなった。また，この状態に対応した成果コントロールの術を持たないため混乱し，従来の成果コントロールに従っていては，カンパニートップは現場に的確な指示が出せなくなった。

　このような状況は，Merchant and Van der Stede（2007）が指摘する不確実性が高まった場合，予算を中心とした成果コントロールの使用が困難になる理由に合致している。つまり，①従業員がどうすれば望ましい結果を出すことができるかを理解していない場合，成果コントロールは効果的ではない，②従業員がどうすればよりよい結果を出せるかを知っていたとしても，成果コントロールは挑戦する成果目標が適切に設定されていなければ最も望ましい効果は得られないのである。

　オムロンではこれまで経験したことのないサプライチェーンの崩壊により，どのようにすれば望ましい結果を出すことができるかがわからない状況になった。前提条件が崩れ，ガイドラインもないため，挑戦する成果目標を適切に設定することすらできない状況であった。以上のことより，震災復興段階では，成果コントロールの使用が困難であることがわかった。

　次に設問4「震災復興段階では，成果コントロールは文化コントロールの使用で補完されたか」について検討を行う。

　オムロンでは「P/L（利益）では組織をコントロールできない」状況に陥った。このため，「他の運営軸が必要」となり，「P/L（利益）維持より，企業理念に基づいた企業活動を最優先する」という方針を決定した。つまり，平常時に実施してきた意思決定や業績評価に管理会計を用いる成果コントロールを放棄した。また，従業員の業績評価については，「震災対応で目標やその遂行が影響を受けた場合は，マネジメント側がきちんと共有し，それを評価に反映させる。すなわち，（影響を受けた従業員は）震災対応を優先するうえで評価を気にする必要はない」とし，「供給責任を果たすこと」を第1とした「社会的責任の達成度合い」を用いた。つまり，震災復興の際には意思決定の主要素を理

念とし，業績評価については理念に基づく社会的責任の達成度合いを用いて文化コントロールを実施したことがわかった。

　その結果，サプライチェーンが崩壊したにもかかわらず，供給を絶やすことなく効率的なマネジメントができた。この結果に対して藤本氏の「あれができたのは，たぶん一番はじめにROIを捨てて，理念にまじめにするというように切り替えたことだったと思いますね」という発言からも，先行研究とは異なり，震災復興段階では成果コントロールは「文化コントロールで補完される」のではなく，成果コントロールを「文化コントロールが代替する」と考えられる。

　最後に設問5「平常時に戻ると，マネジメント・コントロールはどのようになるか」について検討を行う。

　先行研究においては，不確実な環境から平常時に戻った際に，成果コントロールは文化コントロールによって補完されなくなるかどうか，については言及されなかった。オムロンの事例からは，震災の影響が収束するにつれて，震災前と同様の成果コントロールに戻ったことがわかった。そして，この理由の一つとして，株主の影響があるということがわかった。つまり，震災時は株主も「社会的責任を果たす」ということに賛同してくれる。しかし，平常時に戻ると株主も利益や配当に対して言及するようになるからである。このことから，企業がどのようなマネジメント・コントロールを実施するのかについては，株主の影響も受けるのではないかと考えられる。

　一方で，オムロンにおいては，震災の経験によって，自社の理念を用いる経営という強みに気づくこととなり，今後の震災などの不確実性が高い環境に直面した際に，文化コントロールで対応するため，これまでよりも理念教育の強化を実施していることがわかった。

5 おわりに

　本章では，第2の研究課題である「震災復興の際にどのようにしたら優れたマネジメント・コントロールが実施できるか」を明らかにするため，東日本大震災の多大な影響を受けながらも，震災前の経営状況に早期に戻すことができた企業に注目し，どのようなマネジメント・コントロールを行ったのかについて聞き取り調査を実施した。そして聞き取り調査の結果から得られた発見事項について，Merchant and Van der Stede（2007）のマネジメント・コントロールのフレームワークに基づき，設問3「震災復興段階では，成果コントロールの使用が困難になるか」，設問4「震災復興段階では，成果コントロールは文化コントロールの使用で補完されたか」，設問5「平常時に戻ると，マネジメント・コントロールはどのようになるか」について議論した。その結果，復興段階では「成果コントロールの使用が困難であり」，「文化コントロールが成果コントロールを代替する」，さらに「平常時に戻ると文化コントロールから成果コントロールに戻る」ということがわかった。

第8章

マネジメント・コントロールで
震災を乗り越える

　本章では，本書の要約を行った後に，本書はどのような貢献ができたのか，どのような問題が解明されずに残されているのかについて述べる。

1　研究結果の総括

　本書では，まず第1章において，本書の研究目的は，震災復興段階におけるマネジメント・コントロールの実態を明らかにすること，復興段階における優れたマネジメント・コントロールの解明をすることの2点であると述べた。

　そこで第2章では，クライシスマネジメントに関する先行研究レビューを行った。ここではまず，クライシスおよびクライシスマネジメントの定義を確認し，地震がどういった特徴をもったクライシスであるかを検討した。なぜなら，本書の研究目的には，震災からの復旧/復興活動に着目することが含まれるからである。そのうえで，本書においてはMitroff (1988) の提示するフレームワークを採用することとした。Mitroff (1988) の提示するフレームワークでは，クライシスマネジメントの各段階において得られる成果は異なるということがわかった。つまり，クライシスマネジメントは3つの成果，すなわちクライシスの発生防止，クライシスによる被害の軽減，クライシス発生前の状態に戻すことを目的として実施されていた。さらに，各段階における目的が異なる

ため，クライシスマネジメントにおいては，各段階それぞれに対応行動をとらなければ望んだ成果を得ることができないことがわかった。そこで，クライシスマネジメントの実態については，ビジネス書やビジネス雑誌もレビューの対象とし，実際の企業で，どのようなクライシスマネジメントが運用されているかを明らかにした。企業におけるクライシスマネジメントの実態をMitroff (1988) のフレームワークを用いて整理したところ，次のような問題点が発見された。つまり，今までのクライシスマネジメントは準備・予防と封じ込め/ダメージの防止を目的としており，それ以外の段階に対する対応があまりなされていないことが判明した。前兆の発見と学習については，危機管理計画において対応がなされているものの，平常への復帰においては，検討されてこなかったことがわかった。つまり，これまでのクライシスマネジメントの成果としては，前兆の発見や学習に対応することで，クライシスを未然に防ぐことに取り組み，準備・予防や封じ込め/ダメージの防止に対応することで，クライシスの被害を軽減することに取り組んできた。しかし，問題点として，平常への復帰への対応が乏しいため，復旧/復興することに対しては，これまでのクライシスマネジメントでは成果が望めないことがわかった。さらに，震災復興段階においては，緊急的な資金繰りの手当てや全社戦略の見直しを行わなければならないなど，既存の戦略が実施不可能になったり，戦略の再考が必要となるにもかかわらず，クライシスマネジメントにおいては，平常への復帰段階において，戦略実施の手段であるマネジメント・コントロールについては，ほとんどふれることがなかった。

　そこで，第3章では，震災において想定される復旧/復興活動に着目し，伝統的なマネジメント・コントロールの構成要素である「設備投資計画」，「中長期経営計画」，「予算管理」が平常への復帰段階において有用であることを明確に示唆した。しかしながら，既存のマネジメント・コントロールの知識は，平常を前提として議論されており，危機に直面した企業の経営者や会計組織にとってガイドラインとはなりえない。そこで震災復興における伝統的なマネジメント・コントロールにおいて議論すべき問題を提示した。

さらに，環境の不確実性とマネジメント・コントロールにおける研究は，Merchant and Van der Stede（2007）が，不確実な環境における効果的なコントロールについて言及しているものの，彼らの主張は概念的なものであった。

　以上のことより，本書の第1の研究課題である，震災復興段階におけるマネジメント・コントロールの実態を明らかにするために，具体的な設問として「震災復興段階において成果コントロールは使用されたのか」，「震災復興段階において成果コントロールの使用方法は平常時と異なるか」を設定した。そして第2の研究課題である復興段階における優れたマネジメント・コントロールを解明するために，具体的な設問として「震災復興段階では，成果コントロールの使用が困難になるか」，「震災復興段階では，成果コントロールは文化コントロールの使用で補完されたか」，「平常時に戻ると，マネジメント・コントロールはどのようになるか」の3つを設定した。

　第4章では，このような研究課題の解明のためには，どのような調査を行うのがふさわしいかを検討した。本書において採用したのは，演繹的に導かれた仮説を検証するというタイプではなかった。復興段階におけるマネジメント・コントロールについては，先行研究の乏しい未知のテーマであったので，多様な研究方法を併用して貪欲に集められたデータと対話し，実態の解明を目指すことにした。

　第5章において，復興段階におけるマネジメント・コントロールの実態について，被災企業2社の調査結果を示した後，第6章において，大規模質問票調査の結果を記述した。その内容をもとに，5つの設問のうち，設問1「震災復興段階において成果コントロールは使用されたのか」，設問2「震災復興段階において成果コントロールの使用方法は平常時と異なるか」について議論した。

　以下，第5章，第6章における分析から得られた発見事項を2つの設問に応える形で要約していく。

設問1 震災復興段階において成果コントロールは使用されたのか

　本書では成果コントロールとして,「設備投資計画」,「中長期経営計画」,「予算管理」という代表的な3つの管理会計ツールをとり上げた。これら3つの管理会計ツールは実務において,一般的に広く周知され,実施されているものである。東洋刃物の事例より,「設備投資計画」については被災した設備を再建するために計画立案・実行されたことがわかった。また,「中長期経営計画」についても,改訂され使用されたことがわかった。一方で,「予算管理」については,平常時と比べ,特段,目標値の修正や部門間の調整といった特別な対応はみられなかった。「予算管理」において,目標値の修正や部門間の調整などの対応がみられなかった理由としては,東洋刃物においては平常時より予算制度と業績評価制度を結びつけておらず,厳しい予算管理がされていなかったためである。そこで,平常時より予算制度と業績評価を結びつけて予算管理がされているA社に対して,「予算管理」についての聞き取り調査を実施した。

　A社の事例では,震災直後の予算修正は行われなかったうえに,震災発生月である3月の実績を業績評価の対象外とし,被害の大小を考慮せずすべての店舗において同様の評価方法を採用した。特に3月については,目標値の達成度合いについて進捗管理すら行われなかった。また,翌事業年度についても,期中の予算修正を行わず,被害が甚大で閉鎖していた店舗については,目標値の達成度による業績評価が行われなかったことがわかった。

　以上のパイロット調査の結果を反映した大規模質問票調査からは,次のことがわかった。まず,復興段階においても管理会計ツールを用いた成果コントロールは行われた。「中長期経営計画」は,最終的な目標値を変更する方法と目標を達成するためのプロセスを変更する方法がみられたが,その変更によって本来の目的(コミットメント,動機づけ,ベクトル)の重要性は維持され使用された。また,「予算管理」については,予算の目標達成困難度は震災によって高まったが,予算編成方法をトップダウン型からボトムアップ型へ変更することによって,現場の情報を予算修正に取り込んだ。その結果,目標達成困難

度は平常時と同程度に調整され，予算はベンチマークとして使用された。

> **設問2** 震災復興段階において成果コントロールの使用方法は平常時と異なるか

　東洋刃物の事例研究では，「設備投資計画」において，重要な設備投資が実施され，その計画立案においては，「平常時とは異なりタイムプレッシャーが極めて強い中，計画立案および意思決定をした」，「設備投資計画の緻密な評価に時間を割くよりも，素早く投資の判断を行うことが最優先された」，さらに「グループ補助金の交付が意思決定に大きな影響を与えた」ことがわかった。また，「中長期経営計画」については，「震災に起因する重要な意思決定や，震災をきっかけとした経営方針の変更が織り込まれた」ことがわかった。「予算管理」については，平常時より厳しい予算管理を実施していなかったものの，「むしろ，予算などを動機づけとしなくても，震災後，従業員全体が『みんなで頑張る』というモティベーションの向上が見られた」ことがわかった。

　続くA社においては，予算修正を行わず，被害が甚大で閉鎖していた店舗については，目標値の達成度による業績評価が行われなかった一方で，社長からの訓示を受けて，『復興の部品』という共通の行動規範をもち，予算の目標数値にとらわれることなく行動したことがわかった。

　さらに大規模質問票調査の結果からも，震災復興段階において成果コントロールの使用方法は平常時とは異なる特徴があることがわかった。まず，復旧/復興のための設備投資計画では，採算性計算やシナリオ分析に基づく緻密な将来予測よりもスピードが重視された。また，中長期経営計画の本来の役割は，復興段階でも変わらず重視された。しかし，予算については本来の成果コントロールとしての重要性が弱まった。加えて，震災発生から復興段階における管理会計ツールの使用方法に特有の役割があることも明らかになった。中長期経営計画では，顧客への情報開示，株主・投資家への情報開示の役割が重視され，外部とのコミュニケーション・ツールとしての役割を果たしたと考えられる。

同様に，予算も，決算短信などで業績予想開示として外部へ情報伝達するための役割は維持された。これらのことから，平常時と異なるマネジメント・コントロールが実施されていることが考えられる。

　以上のように，第1の研究課題である復興段階におけるマネジメント・コントロールの実態を把握することができた。しかしながら，大規模質問票調査に基づく結果であり，震災によって影響を受けた企業の一般的な傾向を示しているにすぎない。たとえば，予算は震災後，成果コントロールとしての本来の役割の重要性が弱まったという傾向は明らかになった。しかし，成果コントロールとしての役割の重要性が弱まった時，その役割は何によって補完・代替されたのかについては明らかにできなかった。

　そこで，第7章では，第2の研究課題である，復興段階における優れたマネジメント・コントロールの解明を行うため，オムロンで行ったケース研究の結果を記述した。その内容をもとに，研究課題を解明するための具体的な設問3「震災復興段階では，成果コントロールの使用が困難になるか」，設問4「震災復興段階では，成果コントロールは文化コントロールの使用で補完されたか」，設問5「平常時に戻ると，マネジメント・コントロールはどのようになるか」について分析した。

　以下に，第7章における分析から得られた発見事項を3つの設問に応える形で要約していく。

設問3　震災復興段階では，成果コントロールの使用が困難になるか

　オムロンが震災後に直面した状況は，Merchant and Van der Stede（2007）が指摘する不確実性が高まった場合，予算を中心とした成果コントロールの使用が困難になる理由に合致している。つまり，①従業員がどうすれば望ましい結果を出すことができるかを理解していない場合，成果コントロールは効果的ではない，②従業員がどうすればよりよい結果を出せるかを知っていたとして

も，成果コントロールは挑戦する成果目標が適切に設定されていなければ最も望ましい効果は得られない，ということである．

オムロンではこれまで経験したことのないサプライチェーンの崩壊により，どのようにすれば望ましい結果を出すことができるかがわからない状況になった．前提条件が崩れ，ガイドラインもないため，挑戦する成果目標を適切に設定することすらできない状況であった．以上のことより，震災復興段階では，成果コントロールの使用が困難であることがわかった．

> **設問4** 震災復興段階では，成果コントロールは文化コントロールの使用で補完されたか

オムロンでは「P/L（利益）では組織をコントロールできない」状況に陥った．このため，「他の運営軸が必要」となり，「P/L（利益）維持より，企業理念に基づいた企業活動を最優先する」という方針を決定した．つまり，平常時に実施してきた意思決定や業績評価に管理会計を用いる成果コントロールを放棄した．また，従業員の業績評価については，「震災対応で目標やその遂行が影響を受けた場合は，マネジメント側がきちんと共有し，それを評価に反映させる．すなわち，（影響を受けた従業員は）震災対応を優先するうえで評価を気にする必要はない」とし，「供給責任を果たすこと」を第1とした「社会的責任の達成度合い」を用いた．つまり，震災復興の際には意思決定の主要素を理念とし，業績評価については理念に基づく社会的責任の達成度合いを用いて文化コントロールを実施したことがわかった．

その結果，サプライチェーンが崩壊したにもかかわらず，供給を絶やすことなく効率的なマネジメントができた．この結果に対して藤本氏の「あれができたのは，たぶん一番はじめにROIを捨てて，理念にまじめにするというように切り替えたことだったと思いますね」という発言からも，先行研究とは異なり，震災復興段階では成果コントロールは「文化コントロールで補完される」のではなく，成果コントロールを「文化コントロールが代替する」と考えられる．

設問5 平常時に戻ると，マネジメント・コントロールはどのようになるか

　先行研究においては，不確実な環境から平常時に戻った際に，成果コントロールは文化コントロールによって補完されなくなるかどうか，については言及されなかった。オムロンの事例からは，震災の影響が収束するにつれて，震災前と同様の成果コントロールに戻ったことがわかった。そして，この理由の1つとして，株主の影響があるということがわかった。つまり，震災時は株主も「社会的責任を果たす」ということに賛同してくれる。しかし，平常時に戻ると株主も利益や配当に対して言及するようになるからである。このことから，企業がどのようなマネジメント・コントロールを実施するのかについては，株主の影響も受けるのではないかと考えられる。

　一方で，オムロンにおいては，震災の経験によって，自社の理念を用いる経営という強みに気づくこととなり，今後の震災などの不確実性が高い環境に直面した際に，文化コントロールで対応するため，これまでよりも理念教育の強化を実施していることがわかった。

　以上のように，第2の研究課題である復興段階における優れたマネジメント・コントロールの解明をすることができた。

2　本書の貢献と限界

　本節では，本書が研究，経営の実務にどのような貢献を果たしているのかを議論する。

2.1　研究への貢献

　本研究の第1の貢献は，事例研究と大規模質問票調査から復興段階におけるマネジメント・コントロールの実態を明らかにしたということである。特にこれまで先行研究がなかったこのような領域について調査，分析を行えた点であ

る。被災企業2社に対して定性的なアプローチで震災時の対応について聞き取り調査を行った。その結果をもとに，復興段階におけるマネジメント・コントロールについての質問票を開発し，東証1部・2部上場企業を対象とした郵送質問票調査を実施することができた。これは復興段階におけるマネジメント・コントロールに関する体系的な質問票調査としては初の試みであろう。そして，震災復興段階において，マネジメント・コントロールは本来の機能については重要性が低下するが，外部報告機能の重要性は維持されたことは重要な発見である。

そして第2の貢献として，これまで先行研究で明らかにされなかった不確実性が極めて高い状況における優れたマネジメント・コントロールの実態を具体的に示すことができたことがあげられる。さらに，東日本大震災からの復興段階においてどのようにマネジメント・コントロールが変化したかについても明らかにした。つまり，これまで不確実性の高い環境においては，成果コントロールが文化コントロールで補完されるとされてきたが，本研究では，文化コントロールが成果コントロールを代替するということがわかった。また，これまで不確実性の高い環境から平常時に戻る場合，どのような変化があるかについて明らかにされてこなかったが，本研究において，平常時に戻ると文化コントロールから成果コントロールにマネジメント・コントロールが戻ることがわかった。また，この理由としては，Merchant and Van der Stede（2007）では議論されてこなかったが，株主からの影響であることが実態記述より明らかになった。このことについては，不確実な環境におけるマネジメント・コントロールの研究に，新しい知見を与えたといえる。

2.2 実務への貢献

実務への貢献として，2つあげられる。第1の貢献は，復興段階におけるマネジメント・コントロールの実態を明らかにしたことである。聞き取り調査の結果をドキュメント化することにより，実際に震災発生当初および復旧/復興段階において，企業のトップや従業員が何を考え，どのように行動したかを明

らかにしたことは大きな貢献である。そして，これらの実態記述と大規模質問票によって，今後のクライシス発生時にどのような対応をとればよいかの指針を提示することができた。具体的には次の3点である。

◆ 東日本大震災では，被災企業は「設備投資計画」の立案において，平常時とは異なりタイムプレッシャーが極めて強い中，計画立案および意思決定をしなければならないことや，設備投資計画の緻密な評価に時間を割くよりも，素早く投資の判断を行わなければならないことが明らかになった。東洋刃物の実態記述からも，どれほどタイムプレッシャーが強い状況であったかを理解することはたやすい。設備投資は，長期的に企業の業績に大きな影響をもたらすため，合理的な設備投資の意思決定が重要である。そのためにも，タイムプレッシャーが強い状況においても，冷静な判断をするためには，当然のことであるが準備を万全にすることが肝要である。そこで，これらのことを参考に，たとえば，復旧/復興のための設備投資計画のフォーマットや投資基準を事前に明確にし，準備をしておけば，実際に震災が発生した場合に，慌てることなく適切な設備投資を実行できるかもしれない。

◆ また，「中長期経営計画」や「予算管理」はマネジメント・コントロールの本来の役割だけでなく，株主・投資家への情報発信，外部とのコミュニケーション・ツールとしての役割を果たしたことが明らかになった。このことから，震災時においては，精度の高い情報を入手することは困難であり，計数管理としての役割を果たすことが困難であるかもしれないが，中長期経営計画や予算を修正・変更することは重要であり，計画立案のための情報収集を放棄すべきではないと考えられる。翻って，復興段階こそ，予算をもとにした業績予想や中長期経営計画の開示を通じて，ステークホルダーとの関係を強化することができるのではないだろうか。

◆ また，「予算管理」については，予算の目標達成困難度は震災によって高まったが，予算編成方法をトップダウン型からボトムアップ型へ変更することによって，現場の情報を予算修正に取り込んだ。その結果，目標達成困難度は平常時と同程度に調整され，予算はベンチマークとして使用されたことがわかった。予算を平常時と同様にベンチマークとして使用するためには，本社部門が現場に出向いて顔を合わせて状況確認し，しっかりと現場とのコミュニケーションをとり，現場の情報を積極的に入手することは極めて重要であるといえる。

第2の貢献として，復興段階のマネジメント・コントロールは予算を中心とした成果コントロールの使用が困難になること，一方で，文化コントロールが優れたマネジメント・コントロールであることを示したことがあげられる。また，文化コントロールの具体的な手法として経営理念を用いることを明らかにした。オムロンでは震災前より理念教育に力を入れてきたからこそ，震災復興の際に文化コントロールを即座に実行できた。つまり，従業員の行動一致を促すような，日頃からの経営理念の浸透が震災復興の際に優れたマネジメント・コントロールを実施するためには有用であるといえる。

さらに本書の研究結果は次のような提言を行うことができる。

東日本大震災以降，クライシスマネジメントの分野ではBCP（Business Continuity Plan：事業継続計画）の注目度が非常に高い。しかし，文献調査からも明らかなように，BCPの復旧目標は被災前の平常時以下の復帰レベルを想定しており，あくまで被災直後の応急処置であり，復旧/復興段階にまで対応できていない。また，本研究は，復旧/復興段階において，被災企業にどのようなことが起きたかを実態記述しているが，これらの記述内容は，BCPで対応できる範囲をはるかに超えている。このような状況に対応するためにも，BCPの議論の範囲をクライシス発生直後の対応だけでなく，平常への復帰段階まで拡張して考えるべきではないだろうか。

また，BCPはあくまで計画であり，本書において明らかにしたような復興段階におけるマネジメント・コントロールは反映されていない。中核事業の特定や目標復旧時間の設定などが明記されているBCPは一定の価値があるものの，トップと従業員が一丸となって復旧/復興活動を実行しないと，BCPは絵に描いた餅になってしまう。よって，復旧/復興段階において，どのようにマネジメントすればよいかについても拡張して考えるべきである。そして，本書の研究結果からは，「どのようにマネジメントすればよいか」という問いに対して，「文化コントロールを用いてマネジメントを実施すればよい」，ということがいえる。

本書はマネジメント・コントロール領域における研究成果であるが，クライ

シスマネジメントの現状や課題に対して，一定の知見を提供するものである。本書が提供する知見が，今後，震災などのクライシスが発生した際に少しでも役立てられることを願いたい。そのうえで，東日本大震災において企業が経験したことを，研究者が実証研究を行うだけでなく，実務家が企業横断的に経験と知識の共有化をはかることを提案したい。

2.3 本書の限界と今後の研究課題

本研究に残された課題は少なくない。まずは大規模質問票調査の結果において，因果の解明を行っていないことがあげられる。第1の研究課題である「復興段階におけるマネジメント・コントロールの実態把握」のために事例研究で得られた発見事項と大規模質問票調査の結果を分析した。そこでは，復興段階において成果コントロールが行われたことや，平常時と異なる特徴があったことを発見したが，これらの発見事項の因果関係については解明を行っていない。企業規模の大小や被災状況が影響すると考えられるが，解明に至らなかった。このことは今後の研究課題になりうる。

また，第2の研究課題である「復興段階における優れたマネジメント・コントロールの解明」については，オムロン1社の事例研究から，文化コントロールが優れたマネジメント・コントロールであり，文化コントロールの具体的な手法として経営理念を用いることを明らかにした。しかしながら，文化コントロールの具体的な手法として，必ずしも経営理念を用いることがよいとは限らないと考えられる。オムロンの経営理念（社憲）は「企業は社会の公器である」だが，これは震災といったクライシスには効果的かもしれないが，金融危機といったクライシスには適しているとはいいがたい。また，企業によっては，必ずしも社会貢献という要素を含んだ経営理念があるとは限らない。この場合，経営理念ではなく，トップの姿勢や行動規範といったものが，文化コントロールの具体的な手法になりうるのではないだろうか。以上のことから，クライシス全般で優れたコントロールになりうる文化コントロールの具体的な手法を検討することは，今後の重要な研究課題である。

補章1　被災6県における主要事業所の有無によるマネジメント・コントロールへの影響

　ここでは，大規模質問票調査結果のうち，震災復興段階の「設備投資計画」，「中長期経営計画」，「予算管理」について，東日本大震災における被災6県（青森県，岩手県，宮城県，茨城県，福島県，千葉県）の主要な事業所等の所有の有無別に分析を行った結果について記載したい。この分析の目的は，被災6県の主要な事業所等の有無が，復興段階におけるマネジメント・コントロールに違いがあるかどうかを確認するためである。

1　設備投資計画

1.1　復旧/復興のための設備投資の実施状況

　被災6県に主要な事業所等を有している企業と有していない企業において，復旧/復興のための設備投資の有無について独立性の検定を行った結果，有意な連関が見られた（**図表補1-1**）。つまり，被災6県に主要な事業所等を有している企業のほうが設備投資を実施していることがわかった。このことは想定のとおりであった。

図表補1-1　設備投資実施の被災6県事業所所有別分布

	復旧/復興のための設備投資を				合計
	実施した		実施しなかった		
	企業数	割合	企業数	割合	
事業所等有り	124	73.8%	44	26.2%	168
事業所等無し	29	28.4%	73	71.6%	102
合計	153	56.7%	117	43.3%	270

$\chi^2 = 53.2218$，自由度 = 1，$p = 0.000$

1.2　政府等からの補助金の利用状況

　補助金を利用した21社のうち19社が被災6県に主要な事業所を有している企

業である（**図表補1-2**）。サンプル数が少ないものの，政府等からの補助金を利用した企業のほとんどが，被災6県に主要な事業所等を有していることがわかった。パイロット調査の事例研究においても，東洋刃物は宮城県に主要な事業所を有している企業であるため，回答結果と一致する。一方で，主要な事業所等を有していない企業2社が補助金を受給しており，さらに設備投資に補助金を利用していることについては興味深い。具体的な補助金の種類や金額に対する設問を質問票に織り込んでいなかったため，どのような補助金を，どのように利用したか，なぜ利用したかについては現段階ではこれ以上の検討ができないものの，回答企業2社へのコンタクトを試み，その内実を明らかにすることは価値がある調査である。よって，今後の検討課題としたい。

図表補1-2 補助金利用状況の被災6県事業所所有別分布

	政府等からの補助金を				合計
	利用した		利用しなかった		
	企業数	割合	企業数	割合	
事業所等有り	19	15.5%	104	84.5%	123
事業所等無し	2	7.1%	26	92.9%	28
合計	21	13.9%	130	86.1%	151

$\chi^2 = 1.3137$，自由度 = 1，p = 0.252

1.3 復旧/復興のための設備投資と平常時の設備投資の意思決定の比較

復旧/復興のための設備投資における投資計画は，平常時の設備投資における意思決定と比較してどうであったかについて，被災6県に主要な事業所等を有していた企業とそうでない企業の平均値の差の検定を行った（**図表補1-3**）。その結果，2．平常時と比べて，震災時の設備投資の検討開始から意思決定までの期間は短かった，3．平常時と比べて，投資採算性の計算（回収期間法，DCF法など）は重要な役割を果たさなかった，4．平常時と比べて，検討した投資採算性にかかわるシナリオの数は少なかった，10．平常時と比べて，銀行やコンサルタントなど外部の専門家の意見を重視しなかった，の4項目については，被災6県に主要な事業所等を有していなかった企業の平均値が事業所等

を有している企業よりわずかに大きかった。しかしながら，いずれの項目についても有意な差はみられなかった。

図表補1-3 復旧/復興のための設備投資と平常時の設備投資の意思決定の差の検定

	被災6県に主要な事業所等を				平均値 の差	t値
	有していた		有していなかった			
	n	平均値	n	平均値		
1．平常時と比べて，タイムプレッシャーがきつかった	120	4.93	29	4.72	0.20	0.52
2．平常時と比べて，震災時の設備投資の検討開始から意思決定までの期間は短かった	121	5.68	29	5.83	−0.15	−0.54
3．平常時と比べて，投資採算性の計算（回収期間法, DCF法など）は重要な役割を果たさなかった	119	4.66	29	4.69	−0.03	−0.10
4．平常時と比べて，検討した投資採算性にかかわるシナリオの数は少なかった	119	4.78	29	5.03	−0.25	−0.72
5．平常時と比べて，採算性の計算に用いたデータの客観性は低かった	118	4.08	29	3.86	0.2	0.53
6．平常時と比べて，将来の減価償却費の増加が損益へ与える影響を重視しなかった	120	4.16	29	4.14	0.02	0.05
7．平常時と比べて，市場や技術に関するデータは少なかった	119	3.97	29	3.86	0.10	0.26
8．平常時と比べて，関連する複数の部門から必要な情報を得ることは難しかった	120	3.48	29	3.41	0.06	0.17
9．平常時と比べて，検討された代替案の数は少なかった	119	4.47	29	4.14	0.33	0.89
10．平常時と比べて，銀行やコンサルタントなど外部の専門家の意見を重視しなかった	119	4.45	28	4.54	−0.09	−0.25

2 中長期経営計画

2.1 震災時の中長期経営計画の再検討の実施状況

被災6県に主要な事業所等を有している企業と有していない企業の、中長期経営計画の再検討の有無についてみたものが**図表補1-4**である。独立性の検定を行った結果、有意な連関はみられなかった。また、再検討を行った際の「財務目標」、「目標を達成するためのプロセス」の変更の有無について独立性の検定を行った結果、有意な連関はみられなかった（**図表補1-5**，**図表補1-6**）。つまり、これらの結果より、被災6県の主要な事業所等の有無にかかわらず、中長期経営計画の再検討、財務目標の変更、プロセスの変更が行われたことがわかった。

図表補1-4　被災6県事業所所有別分布

	中長期経営計画の				合計
	再検討を行った		再検討を行わなかった		
	企業数	割合	企業数	割合	
事業所等有り	55	34.8%	103	65.2%	158
事業所等無し	27	29.0%	66	71.0%	93
合計	82	32.6%	169	67.3%	251

$\chi^2 = 0.8885$，自由度 = 1，p = 0.346

図表補1-5　中長期経営計画の財務目標数値の変更について

	財務目標数値を				合計
	変更しなかった		変更した		
	企業数	割合	企業数	割合	
事業所等有り	16	29.1%	39	71.0%	55
事業所等無し	7	25.9%	20	74.1%	27
合計	23	28.1%	59	72.0%	82

$\chi^2 = 0.0899$，自由度 = 1，p = 0.764

図表補1-6　中長期経営計画の目標を達成するためのプロセスの変更について

	目標を達成するためのプロセスを				合計
	変更しなかった		変更した		
	企業数	割合	企業数	割合	
事業所等有り	12	21.8%	43	78.2%	55
事業所等無し	8	29.6%	19	70.4%	27
合計	20	24.4%	62	75.6%	82

$\chi^2 = 0.5992$，自由度 = 1，p = 0.439

2.2　震災時の中長期経営計画再検討時の重視項目

　中長期経営計画の再検討を行った際に重視した項目については，被災6県に主要な事業所等を有していた企業の平均値が事業所等を有していなかった企業より大きかった。そこで，平均値の差の検定を行った結果，1．経営層の計画達成に対するコミットメント（責務），2．従業員のモティベーション（動機づけ），6．供給会社への情報開示，において有意な差がみられた（**図表補1-7**）。

図表補1-7　再検討の際の重視した項目・事業所等所有の有無の比較

	被災6県に主要な事業所等を				平均値の差	t値
	有していた		有していなかった			
	n	平均値	n	平均値		
1．経営層の計画達成に対するコミットメント（責務）	55	5.27	26	4.5	0.77	2.05**
2．従業員のモティベーション（動機づけ）	55	5.15	27	4.30	0.85	2.37**
3．全社のベクトルと各部門のベクトルの整合性	54	5.22	27	4.74	0.48	1.29
4．労働組合との関係	53	3.57	27	3.22	0.34	0.93
5．顧客への情報開示	55	4.85	27	4.15	0.71	1.74*
6．供給会社への情報開示	54	4.5	27	3.67	0.83	2.17**
7．競合企業への対応	54	4.24	27	3.63	0.61	1.75*
8．政府・地方自治体への情報開示	54	3.96	27	3.41	0.56	1.43
9．金融機関への情報開示	54	4.5	27	3.96	0.54	1.38
10．株主・投資家への情報開示（IR）	55	5.33	27	4.85	0.48	1.22

＊p<0.1，＊＊p<0.05，＊＊＊p<0.01

3 予算管理

3.1 予算の目標値の臨時的な変更の実施状況

図表補1-8は震災後の予算変更の有無（全社レベルと部門レベル）を被災6県における主要な事業所等の所有状況別にみたものである。これを見ると事業所等の有無にかかわらず，予算変更を行った企業は5割以上あったことがわかる。

図表補1-8(A)　被災6県主要事業所等所有別分布（全社レベル）

1．全社レベル	全く変更をしなかった		軽微な変更をした		大幅な変更をした		目標設定を中止した		合計
	企業数	割合	企業数	割合	企業数	割合	企業数	割合	
事業所等有り	70	41.7%	63	37.5%	33	19.6%	2	1.2%	168
事業所等無し	52	50.0%	32	30.8%	20	19.2%	0	0%	104
合計	122	44.9%	95	34.9%	53	19.5%	2	0.7%	272

$\chi^2 = 3.0714$，自由度 = 3，$p = 0.381$

図表補1-8(B)　被災6県主要事業所等所有別分布（部門レベル）

2．部門レベル	全く変更をしなかった		軽微な変更をした		大幅な変更をした		目標設定を中止した		合計
	企業数	割合	企業数	割合	企業数	割合	企業数	割合	
事業所等有り	55	32.7%	71	42.3%	39	23.2%	3	1.8%	168
事業所等無し	45	43.3%	33	31.7%	26	25.0%	0	0%	104
合計	100	36.8%	104	38.2%	65	23.9%	3	1.1%	272

$\chi^2 = 5.7438$，自由度 = 3，$p = 0.125$

補章2　非上場企業（被災6県）に関する調査結果

　被災地の企業構成は90％以上が非上場企業である（中小企業庁，2011）ことから，被害の状況を把握するために，被災6県に本社を有する非上場企業を調査対象とし，上場企業を対象にした調査と同様の質問票調査を同時期に実施した。ただし，被災6県の非上場企業については，地域によって被害の程度の差が激しく，上場企業と単純に比較することは難しい。したがって，本書では上場企業の調査結果について示し，補章において，特徴的な分析結果が出た予算管理についてのみ示したい。

1　サンプリングとサンプルの概要

　上場企業を対象として調査と同様の手続によって調査を実施した結果，郵送質問票の発送数は826社，回収数は213社，回収率は25.8％，有効回答数は212社であった[1]。サンプル選択や回答者の情報は**図表補2-1**のようになった。

図表補2-1　被災6県非上場企業のサンプリングの概要

(a)　企業の選択

送付先企業数	826
回答企業数（回答率：25.8％）	213
最終的な分析対象サンプル（有効回答数）	212

(b)　回答者の職位

社長，取締役など	83	39.2％
部長級（ゼネラルマネジャーなど）	69	32.5％
課長級（部長代理，次長，マネジャーなど）	22	10.4％
係長級（課長代理，主任，リーダーなど）	16	7.5％
一般職員など	1	0.5％
（未回答，職位特定不明など）	21	9.9％
合計	212	100％

2 被災状況

本節においては，非上場企業において，震災による影響がどのようであったかについて紹介する。まず，東日本大震災が企業の事業活動に負の影響をもたらしたかどうかを示す。さらに，どのような影響をどの程度もたらしたについて示す。また，調査項目において，上場企業の調査結果との比較を行った。

2.1 震災による負の影響の有無

本研究の調査対象は，東日本大震災の被災企業である。よって，回答企業のうち被災企業を特定する必要がある。そこで，まず，事業への震災の負の影響の有無について調査した。本項目について，「負の影響があった」と回答した企業に対して次節以降の質問を行っている。

図表補2-2　震災による負の影響の有無（被災6県非上場企業）

	企業数	累計数	割合	累計割合
負の影響があった	183	183	86.3%	86.3%
負の影響がなかった	29	212	13.7%	100.0%
合計	212	-	100.0%	-

上場企業については，87.7％（243社）の企業が「負の影響があった」と回答していた。一方，非上場企業については，86.3％（183社）の企業が「負の影響があった」と回答している（**図表補2-2**）。

2.2 震災による負の影響の範囲

事業への震災の負の影響の有無について，「負の影響があった」と回答した企業に対して，具体的にどのような負の影響があったかについて質問を行った。**図表補2-3**は，負の影響に関する質問項目の回答の分布を示している。回答結果は，おおむね上場企業に対する調査結果と同様であった。

図表補2-3(A)　負の影響の範囲（被災6県非上場企業）

	全く影響が なかった 1	2	3	4	5	極めて重大な 影響があった 6	7	n	中央値	平均値	標準偏差
1．施設・設備の損傷（消失）	10.7% 19	15.8% 28	13.6% 24	9.6% 17	17.0% 30	17.5% 31	15.8% 28	177	5	4.22	2.00
2．物流交通網の混乱	1.7% 3	4.5% 8	7.9% 14	10.7% 19	17.5% 31	28.8% 51	28.8% 51	177	6	5.40	1.55
3．電力不足	9.0% 16	11.2% 20	10.1% 18	14.6% 26	18.5% 33	21.4% 38	15.2% 27	178	5	4.47	1.89
4．仕入・調達の困難	5.1% 9	6.8% 12	11.3% 20	15.8% 28	19.8% 35	20.9% 37	20.3% 36	177	5	4.82	1.74
5．売上の減少	8.3% 15	7.2% 13	10.6% 19	13.9% 25	19.4% 35	18.9% 34	21.7% 39	180	5	4.72	1.88
6．資金繰り悪化	38.4% 68	16.4% 29	17.5% 31	14.1% 25	5.1% 9	5.1% 9	3.4% 6	177	2	2.60	1.70
7．従業員数の不足	46.6% 83	16.9% 30	9.0% 16	10.7% 19	7.3% 13	4.5% 8	5.1% 9	178	2	2.49	1.84

　そこで，より詳細な分析を行うため，被災6県に主要な事業所等を有していた上場企業と非上場企業について，平均値の差の検定を行った（**図表補2-4**）。その結果，2．物流交通網の混乱と6．資金繰り悪化について有意な差が見られた。つまり，これら2項目について，非上場企業が上場企業より負の影響が大きかったことがわかる。6．資金繰り悪化については，中小規模の企業が多い非上場企業のほうが上場企業より，一般的に資金力が弱いことによるものであると考えられる。しかしながら，このことについてはサンプル企業の詳細な財務データがなく，これ以上の検証はできないため推測の域を超えない。

図表補2-3(B) 負の影響の範囲（被災6県非上場企業）：ヒストグラム

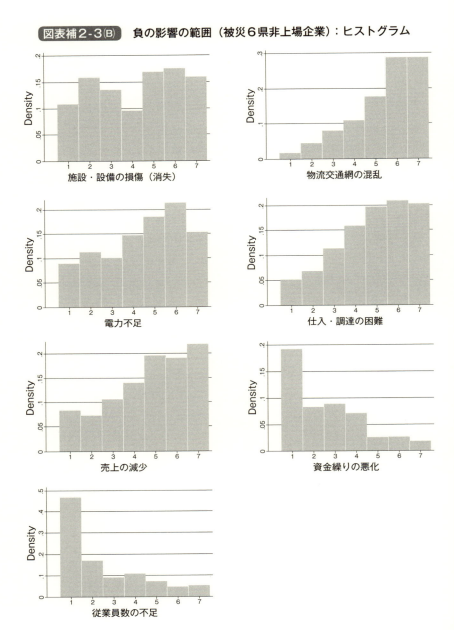

図表補2-4 負の影響に関する被災6県上場・非上場の比較

	上場 n	上場 平均値	非上場 n	非上場 平均値	平均値の差	t検定 (Pr>t)
1．施設・設備の損傷	160	4.6	173	4.24	0.36	1.77*
2．物流交通網の混乱	160	4.94	173	5.40	−0.46	−2.75***
3．電力不足	161	4.59	174	4.50	0.09	0.48
4．仕入・調達の困難	160	4.66	173	4.84	−0.18	−0.97
5．売上の減少	160	4.34	176	4.72	−0.37	−1.88*
6．資金繰り悪化	160	1.86	173	2.60	−0.74	−4.38***
7．従業員数の不足	159	2.28	174	2.49	−0.21	−1.11

*：p<0.1；＊＊，p<0.05 ＊＊＊：p<0.01

3 予算管理

3.1 予算管理の実施状況

震災以前の予算管理の実施状況をみたものが，**図表補2-5**である。上場企業においては99.6％が予算管理を実施していたが，非上場企業では74.9％しか予算管理を行っていなかったことがわかる。

図表補2-5 予算管理実施状況（被災6県非上場企業）

	企業数	累計数	割合	累計割合
予算管理を実施していた	158	158	74.9％	74.9％
予算管理を実施していなかった	53	211	25.1％	100.0％
合計	211	−	100.0％	−

3.2 予算の目標値の臨時的な変更の実施状況

震災後に予算の変更を行ったかについてみたものが，**図表補2-6**である。上場企業は5割程度であったが，非上場企業においては7割以上の企業が震災後，全社レベルもしくは部門レベルで予算変更を行ったことがわかる。一方で，上場企業同様に，わずかであるが「目標設定を中止した」企業も存在することがわかった。

図表補2-6 震災時予算変更実施状況（被災6県非上場企業）

	全く変更を しなかった 1	軽微な変更 をした 2	大幅な変更 をした 3	目標設定を 中止した 4	n
1．全社レベル	23.4% 37	41.1% 65	31.7% 50	3.8% 6	158
2．部門レベル	24.0% 37	38.3% 59	33.8% 52	3.9% 6	154

3.3 予算編成方法の変更状況

非上場企業では，震災影響時の予算編成方法と平常時の予算編成方法とは異なったのであろうか。平常時の予算編成の方法について質問を行った結果を**図表補2-7**に示す。

図表補2-7 平常時の予算編成方法（被災6県非上場企業）

	完全に事業部門からの ボトムアップ						完全に本社からの トップダウン	n	中央値	平均値	標準偏差
	1	2	3	4	5	6	7				
1．平常時の予算編成方法	3.2% 5	13.3% 21	14.6% 23	28.5% 45	25.3% 40	11.4% 18	3.8% 6	158	4	4.09	1.42

次に同様の尺度で，震災の影響を最も強く受けた部門について，予算の臨時的な変更を行った際の予算編成の方法について質問を行った（**図表補2-8**）。

図表補2-8 震災影響時の予算編成方法（被災6県非上場企業）

	完全に事業部門からのボトムアップ					完全に本社からのトップダウン		n	中央値	平均値	標準偏差
	1	2	3	4	5	6	7				
1．震災の影響を受けて予算の変更をした際の予算編成方法	4.3%	12.2%	14.8%	24.3%	21.7%	15.7%	7.0%	115	4	4.22	1.57
	5	14	17	28	25	18	8				

（注）東日本大震災の影響を受けて，予算の目標値を全社レベルもしくは部門レベルにおいて，「軽微な変更をした」もしくは「大幅な変更をした」と回答した企業115社が回答。

　さらに，震災の影響を受けて予算の変更を行った企業において，平常時と震災の影響を受けて予算の変更をした際の予算編成方法の平均値の差の検定を行った。その結果，上場企業においては，有意な差が見られたが，非上場企業においては有意な差は見られなかった（**図表補2-9**）。上場企業においては，予算編成方法をトップダウン型からボトムアップ型へ変更する傾向が見られたが，非上場企業では震災時の予算編成方法の平均値が高く，平常時よりもよりトップダウン型へ変更するという傾向が見られた。

図表補2-9 平常時と震災時における予算編成方法の差の検定（被災6県非上場企業）

	平常時		震災時		平均値の差	t値
	n	平均値	n	平均値		
1．予算編成方法	115	4.05	115	4.22	−0.17	−1.20

＊$p<0.1$，＊＊$p<0.05$，＊＊＊$p<0.01$

3.4　予算の使用目的の変化

　非上場企業においては，震災によって予算の目標値の変更が行われる状況において，予算を使用する目的の重要性に変化はなかったのだろうか。平常時と震災影響時の予算の使用目的の重要性について質問を行った結果を**図表補2-10**に示す。

図表補2-10　予算使用目的の重要性について（被災6県非上場企業）

		全く重要ではない						非常に重要である	n	中央値	平均値	標準偏差
		1	2	3	4	5	6	7				
1．業務計画の策定のため	平常時	0.6% 1	1.3% 2	4.4% 7	12.0% 19	22.2% 35	31.0% 49	28.5% 45	158	6	5.61	1.27
	震災影響事業年度	3.2% 5	3.8% 6	6.3% 10	15.8% 25	23.4% 37	23.4% 37	24.1% 38	158	5	5.19	1.56
2．部門長の業績評価のため	平常時	5.7% 9	8.9% 14	10.8% 17	26.1% 41	17.8% 28	20.4% 32	10.2% 16	157	4	4.43	1.65
	震災影響事業年度	9.6% 15	11.5% 18	13.4% 21	29.3% 46	17.2% 27	14.0% 22	5.1% 8	157	4	3.96	1.63
3．社内での目標を共有するため	平常時	1.9% 3	1.3% 2	1.3% 2	17.1% 27	16.5% 26	38.0% 60	24.1% 38	158	6	5.55	1.30
	震災影響事業年度	4.4% 7	3.8% 6	4.4% 7	20.9% 33	16.5% 26	30.4% 48	19.6% 31	158	5.5	5.11	1.59
4．戦略立案に役立てるため	平常時	1.9% 3	1.3% 2	1.9% 3	24.8% 39	22.3% 35	28.0% 44	19.8% 31	157	5	5.27	1.32
	震災影響事業年度	3.8% 6	5.1% 8	4.5% 7	26.8% 42	21.0% 33	24.8% 39	14.0% 22	157	5	4.87	1.52
5．決算短信などの業績予想開示のため	平常時	12.3% 19	11.0% 17	3.9% 6	30.3% 47	12.3% 19	16.1% 25	14.2% 22	155	4	4.25	1.89
	震災影響事業年度	15.5% 24	13.6% 21	7.1% 11	26.5% 41	14.2% 22	12.3% 19	11.0% 17	155	4	3.91	1.91

　次に，これらの項目について平常時と震災影響事業年度について平均値の差の検定を行った結果，すべての項目において，有意な差が見られた（**図表補2-11**）。上場企業においては，5．決算短信などの業績予想開示のため，以外の4項目については，震災影響時のほうが平常時より予算の使用目的の重要性が低いという結果であったが，非上場企業においては，すべての項目の重要性が低いということがわかった。非上場企業は，上場企業と異なり業績予想開示を行っていることが少ない。よって，予算の外部への情報伝達にかかわる役割も，他の役割と同様に低下したと考えられる。

図表補2-11 平常時と震災影響時の予算使用目的の重要性の比較（被災6県非上場企業）

	平常時		震災影響事業年度		平均値の差	t値
	n	平均値	n	平均値		
1．業務計画の策定のため	158	5.61	158	5.19	0.42	3.97***
2．部門長の業績評価のため	157	4.43	157	3.96	0.48	4.83***
3．社内での目標を共有するため	158	5.55	158	5.11	0.44	4.10***
4．戦略立案に役立てるため	157	5.27	157	4.87	0.41	4.24***
5．決算短信などの業績予想開示のため	155	4.25	155	3.91	0.34	3.62***

＊$p<0.1$，＊＊$p<0.05$，＊＊＊$p<0.01$

◆注
1　有効回答に含めなかった1社は，質問票の設問2および設問3について未回答であった企業である。

参考資料

東日本大震災における経営計画/経営企画の役割に関する実態調査

貴社名		
本社所在地		
ご記入者	（御氏名）	（御役職）
	（所属部署名）	
	（E-mail）	（電話番号）

ご回答にあたって
1. 本調査は，主として経営者または経営計画策定部門の責任者の方を対象に送付させていただいておりますが，ご回答に際して適切な部署がございましたら，当該部署にご回付いただければ幸いです。
2. 本調査は，東日本大震災による経営計画/経営企画機能への影響について研究することを目的としており，文部科学省科学研究費補助金「震災復興時の財務と非財務情報の役割　阪神と東日本の大震災の経験的研究」の一環として実施するものであります。また，本研究結果をもとに，災害に強い企業経営のあり方を提言することを目的としております。
3. 本調査のご回答内容は統計的に処理を行います。従いまして，貴社のご回答内容を個別に公表することは一切ございません。記入漏れや記入誤りがないようにご回答ください。
4. 本調査は神戸大学大学院経営学研究科教授　三矢　裕　を研究代表として実施しているものです。もしご不明な点がございましたら，博士課程後期　三矢研究室所属の岡崎路易（オカザキ　ルイ）E-mail：okazaki@stu.kobe-u.ac.jpまでご照会ください。
   ※岡崎路易は，普段は㈱大丸松坂屋百貨店に勤務しておりますので，電話には応答できない可能性がございます。お手数ですが，お問い合わせは，上記メールアドレスにお願いいたします。

ご返送上のお願い
　ご記入いただきました質問票は，恐れ入りますが，添付の封筒（切手不要）にて7月5日(金)までにご返送いただきますよう，よろしくお願いいたします。

調査にご協力いただいた企業様には，ご希望に応じて本調査の分析結果の報告書をお送りいたしますので，報告書の送付を希望される場合は，以下で送付方法をお選びの上，送付先をご記入ください．

☐　1．E-mailでの送信を希望する（ご記入者のメールアドレスと同様の場合は空欄で結構です）
　　⇒ 送信先 メールアドレス：＿＿＿＿＿＿＿＿＿＿＠＿＿＿＿＿＿＿＿＿＿

☐　2．郵送での送付を希望する（今回の送付先と同様の場合は空欄で結構です）
　　⇒ 郵送先 宛名：＿＿＿＿＿＿＿＿＿＿＿＿＿＿＿＿＿＿＿＿＿＿
　　　　住所：〒　　　－
　　　　＿＿＿＿＿＿＿＿＿＿＿＿＿＿＿＿＿＿＿＿＿＿＿＿＿＿＿＿＿＿

☐　3．送付を希望しない
※いずれかの番号の左側に☑をご記入ください．

【質問へのご回答に関するお願い】
　行政等において，一般的に「**復旧**」とは施設等を被災前と同じ機能に戻すことであり，「**復興**」とは被災前の状況と比較して質的な向上を目指すことを指しますが，**本調査においては，復旧と復興とを区別しません．震災からの「回復」や「立ち直り」**として以下の質問にご回答ください．

1．御社の主な事業の業種についてお尋ねします．最もよく当てはまる番号1つに☑をご記入ください．
　☐1．水産・農林業　　☐2．鉱業　　　　☐3．建設業　　　　☐4．食料品
　☐5．繊維製品　　　　☐6．パルプ・紙　☐7．化学　　　　　☐8．医薬品
　☐9．石油・石炭製品　☐10．ゴム製品　　☐11．ガラス・土石製品　☐12．鉄鋼
　☐13．非鉄金属　　　 ☐14．金属製品　　☐15．機械　　　　　☐16．電気機器
　☐17．輸送用機器　　 ☐18．精密機器　　☐19．その他製品　　☐20．電気・ガス業
　☐21．陸運業　　　　 ☐22．海運業　　　☐23．空運業　　　　☐24．倉庫・運輸関係
　☐25．情報・通信業　 ☐26．卸売業　　　☐27．小売業　　　　☐28．不動産業
　☐29．サービス業　　 ☐30．上記以外の業種（　　　　　　　　）

2．御社では，東日本大震災における被災6県（青森県，岩手県，宮城県，茨城県，福島県，千葉県）に主要な事業所等を有していましたか．
　　　☐1．有していた　　　　　☐2．有していなかった

3．東日本大震災は，御社の事業活動に負の影響を与えましたか。
　　□１．負の影響があった　　　□２．負の影響がなかった
　　　　　（**負の影響がなかった場合は３ページの６．へお進みください。**）

4．下記に列挙する事項について，東日本大震災は，御社の事業活動にどの程度影響を与えましたか。以下の尺度により，最もよく当てはまると思う数字１つに○印をお付けください。

	全く影響がなかった						極めて重大な影響があった
１．施設・設備の損傷（消失）	1	2	3	4	5	6	7
２．物流交通網の混乱	1	2	3	4	5	6	7
３．電力不足	1	2	3	4	5	6	7
４．仕入・調達の困難	1	2	3	4	5	6	7
５．売上の減少	1	2	3	4	5	6	7
６．資金繰り悪化	1	2	3	4	5	6	7
７．従業員数の不足	1	2	3	4	5	6	7
８．その他（　　　　　　　　　）	1	2	3	4	5	6	7

5．御社の東日本大震災からの復旧/復興についてお伺いします。以下の尺度により，最もよく当てはまると思う数字１つに○印をお付けください。

	全く異なる						全くその通り
１．復旧/復興は，費用の面から見て効率的であった。	1	2	3	4	5	6	7
２．復旧/復興は，スピーディーに進んだ。	1	2	3	4	5	6	7
３．復旧/復興は，将来の成長に貢献するものであった。	1	2	3	4	5	6	7
４．復旧/復興は，総合的に判断して，満足できるものであった。	1	2	3	4	5	6	7

6．経営管理全般の取組み状況についてお伺いします。御社においては，**東日本大震災をきっかけに**，以下の事項について変更を行いましたか。最もよく当てはまる数字1つに○印をお付けください。

> なお，『応急対処的』とは，例えば「半年間のみ変更した」というような一時的・時限的な変更を行った場合のことをいい，『抜本的』とは，例えば「その変更が1年以上にわたって継続した」というような場合をいいます。

	この取組みを行なっていない	変更を行った 応急対処的	変更を行った 抜本的	変更を行わなかった
1．ミッション（10年程度の長期的な使命）	1	2	3	4
2．社会的責任の考え方（企業存続の意義について）	1	2	3	4
3．ビジネスモデル	1	2	3	4
4．事業ポートフォリオ（事業の統廃合）	1	2	3	4
5．業績評価の制度	1	2	3	4
6．新製品・新規事業の開発計画	1	2	3	4
7．海外事業計画	1	2	3	4
8．中長期経営計画	1	2	3	4
9．設備投資計画	1	2	3	4
10．要員計画（含む配置転換）	1	2	3	4
11．報酬の体系	1	2	3	4
12．マーケティング計画	1	2	3	4
13．販売計画	1	2	3	4
14．生産計画	1	2	3	4
15．調達・物流計画	1	2	3	4
16．情報システム	1	2	3	4
17．利益計画・予算	1	2	3	4
18．資金計画	1	2	3	4
19．社会貢献活動（ボランティア，寄附等）	1	2	3	4

7．リスクマネジメントの取り組み状況についてお伺いします。御社においては，震災を含む包括的なリスクマネジメントに**変化**はありましたか。以下の事項について，最もよく当てはまる数字1つに○印をお付けください。

	震災前からの取組みを<u>継続</u>して実施	震災前からの取組みを<u>修正</u>して実施	震災後に<u>新た</u>に取組みを開始	いずれにも該当しない
1．自社の重要リスクの特定	1	2	3	4
2．自社の重要リスクの定期的な見直し	1	2	3	4
3．リスク対応策の策定	1	2	3	4
4．リスク対応策の定期的な見直し	1	2	3	4
5．リスク委員会の設置	1	2	3	4
6．リスクマネジメント担当役員の設置	1	2	3	4
7．リスク対応に関する教育・訓練	1	2	3	4
8．危機管理計画[1]の策定	1	2	3	4
9．リスク対応マニュアル[2]の作成	1	2	3	4
10．BCP（事業継続計画）／BCM（事業継続マネジメント）[3]	1	2	3	4
11．リスク関係の情報開示	1	2	3	4

1　危機管理計画とは，「潜在的危機の発見・評価」，「緊急事態に対応するための組織化」，「教育・訓練」などのプロセスを盛り込んだ計画をいう。
2　リスク対応マニュアルとは，危機発生時の連絡網の確立や情報収集・伝達プロセスなどの行動手順が明記されたマニュアルのことをいう。
3　BCP（事業継続計画）とは，災害や事故などに備え，事業継続を実施するために必要な事項を盛り込んだ計画をいい，BCMはBCPの策定と維持管理のプロセスをいう。

中長期経営計画について

8. 御社では，震災以前は，中長期（3～5年程度）の経営計画の策定をしていましたか。
　　□1．策定していた　　　□2．策定していなかった
　　　　　　　（策定していなかった場合は12.へお進みください。）

9. 御社では，<u>東日本大震災の影響を踏まえて</u>，中長期の経営計画の再検討を行いましたか。
　　□1．再検討を行った　　　□2．再検討を行なっていない
　　　　　　　（再検討を行なっていない場合は12.へお進みください。）

10. 中長期の経営計画の**再検討**を行った際，震災前に策定されていた経営計画の下記の事項について変更を行いましたか。以下の尺度により，最もよく当てはまると思う数字1つに○印をお付けください。

	全く変更しなかった	軽微な変更をした	大幅な変更をした
1．財務目標数値	1	2	3
2．目標を達成するためのプロセス	1	2	3

11. 中長期の経営計画の**再検討**を行った際，下記に列挙する事項について，どの程度重要視しましたか。以下の尺度により，最もよく当てはまると思う数字1つに○印をお付けください。

	全く重要視しなかった						非常に重要視した
1．経営層の計画達成に対するコミットメント（責務）	1	2	3	4	5	6	7
2．従業員のモティベーション（動機付け）	1	2	3	4	5	6	7
3．全社のベクトルと各部門のベクトルの整合性	1	2	3	4	5	6	7
4．労働組合との関係	1	2	3	4	5	6	7
5．顧客への情報開示	1	2	3	4	5	6	7
6．供給会社への情報開示	1	2	3	4	5	6	7
7．競合企業への対応	1	2	3	4	5	6	7
8．政府・地方自治体への情報開示	1	2	3	4	5	6	7
9．金融機関への情報開示	1	2	3	4	5	6	7
10．株主・投資家への情報開示（IR）	1	2	3	4	5	6	7

予算管理について

12. 御社では，震災以前は，予算管理制度を実施していましたか。
　　　　□1．実施していた　　　　　　□2．実施していなかった
　　　　　　（実施していなかった場合は7ページの23.へお進みください。）

13. 御社では，震災以前は，予算の期中の見直しを実施していましたか。実施していた場合は，その頻度についてお答えください。
　　　　□1．実施していた　　　　　　□2．実施していなかった
　　　　　見直しの頻度〔　　　〕ヶ月毎

14. 御社の**平常時の**予算管理制度の運用全般についてお伺いします。以下の尺度により，最もよく当てはまると思う数字1つに○印をお付けください。

	全く異なる						全くその通り
1．上司は下位部門の責任者に対して，予算の目標値を常に意識させている	1	2	3	4	5	6	7
2．上司は下位部門の責任者をコントロールするために，予算の達成度合いをチェックしている	1	2	3	4	5	6	7
3．予算目標の達成度合いは，賞与の算定に大きな影響を与える	1	2	3	4	5	6	7
4．下位の責任者が予算目標を達成するかどうかによって，上司はその業務がうまく遂行されたかを判断している	1	2	3	4	5	6	7

15. 御社の**平常時の**予算編成の方法についてお伺いします。以下の尺度により，最もよく当てはまると思う数字1つに○印をお付けください。

	完全に事業部門からのボトムアップ						完全に本社からのトップダウン
1．平常時の予算編成方法	1	2	3	4	5	6	7

16. 御社の**平常時の**予算目標の達成困難度についてお伺いします。以下の尺度により，最もよく当てはまると思う数字1つに○印をお付けください。

	達成することが非常に容易である						達成することが非常に困難である
1．平常時の予算目標の達成困難度	1	2	3	4	5	6	7

17. 御社では，東日本大震災の影響を受けて，上記の予算の達成困難度はどのように変化すると予想しましたか。以下の尺度により，最もよく当てはまると思う数字1つに○印をお付けください。

	達成することが非常に容易になると予想した		変化なしと予想した		達成することが非常に困難になると予想した
1．予算目標の達成困難度の変化	1	2	3	4	5

18. 御社では，東日本大震災の影響を受けて2011年（震災発生日を含む事業年度もしくは，その翌事業年度）の予算の目標値の**臨時的な変更**を行いましたか。最もよく当てはまると思う数字1つに○印をお付けください。

	全く変更をしなかった	軽微な変更をした	大幅な変更をした	目標設定を中止した
1．全社レベル	1	2	3	4
2．部門レベル	1	2	3	4

（全社・部門<u>ともに</u>「全く変更をしなかった」，または「目標設定を中止した」を選んだ場合は6ページの21.へお進みください。）

19. 震災の影響を最も強く受けた部門について，予算の**臨時的な変更**をした際の予算編成の方法についてお伺いします。以下の尺度により，最もよく当てはまると思う数字1つに○印をお付けください。

	完全に事業部門からのボトムアップ						完全に本社からのトップダウン
1．震災の影響を受けて予算の変更をした際の予算編成方法	1	2	3	4	5	6	7

20. 予算の**臨時的な変更**をした際に，震災の影響を最も強く受けた部門について，変更後の達成困難度をどのように予想しましたか。以下の尺度により，最もよく当てはまると思う数字1つに○印をお付けください。

	達成することが非常に容易である						達成することが非常に困難である
1．変更後の予算の達成困難度	1	2	3	4	5	6	7

21. 平常時と，震災の影響を最も強く受けた事業年度とについてお伺いします。御社において予算を使用する**目的の重要性**について，以下の尺度により，最もよく当てはまると思う数字1つに〇印をお付けください。

		全く重要ではない					非常に重要である	
1．業務計画[4]の策定のため	平常時	1	2	3	4	5	6	7
	震災影響事業年度	1	2	3	4	5	6	7
2．部門長の業績評価のため	平常時	1	2	3	4	5	6	7
	震災影響事業年度	1	2	3	4	5	6	7
3．社内での目標を共有するため	平常時	1	2	3	4	5	6	7
	震災影響事業年度	1	2	3	4	5	6	7
4．戦略立案に役立てるため	平常時	1	2	3	4	5	6	7
	震災影響事業年度	1	2	3	4	5	6	7
5．決算短信などの業績予想開示のため	平常時	1	2	3	4	5	6	7
	震災影響事業年度	1	2	3	4	5	6	7

22. 平常時と，震災の影響を最も強く受けた事業年度とについてお伺いします。御社における予算管理制度は，下記の使用目的のために**どれだけ役立っているか**，以下の尺度により，最もよく当てはまると思う数字1つに〇印をお付けください。

		全く役立っていない					非常によく役立っている	
1．業務計画の策定のため	平常時	1	2	3	4	5	6	7
	震災影響事業年度	1	2	3	4	5	6	7
2．部門長の業績評価のため	平常時	1	2	3	4	5	6	7
	震災影響事業年度	1	2	3	4	5	6	7
3．社内での目標を共有するため	平常時	1	2	3	4	5	6	7
	震災影響事業年度	1	2	3	4	5	6	7
4．戦略立案に役立てるため	平常時	1	2	3	4	5	6	7
	震災影響事業年度	1	2	3	4	5	6	7
5．決算短信などの業績予想開示のため	平常時	1	2	3	4	5	6	7
	震災影響事業年度	1	2	3	4	5	6	7

4　業務計画とは，予算を達成するための具体的な施策・アクションプラン等のことを指す。

設備投資計画について

23. 東日本大震災において被災した施設に対して，復旧/復興のための設備投資を実施しましたか。
　　　□１．実施した　　　　　□２．実施していない
　　　　　　　　　　　（実施していない場合は8ページの29.へお進みください。）

24. 23で答えた復旧/復興のための設備投資とは，御社の事業活動にとって，どの程度重要な設備への投資でしたか。以下の尺度により，最もよく当てはまると思う数字に1つ○印をお付けください。

	全く重要でない						非常に重要である
１．設備の重要性について	1	2	3	4	5	6	7

25. 23で答えた復旧/復興のための設備投資に対して，政府等からの補助金を利用しましたか。
　　　□１．利用した　　　　　□２．利用していない
　　　　　　　　　　　（利用していない場合は27.へお進みください。）

26. 25で答えた政府等からの補助金の存在は，御社の復旧/復興のための設備投資の意思決定に対して，どの程度影響を与えましたか。以下の尺度により，最もよく当てはまると思う数字に1つ○印をお付けください。

	全く影響を与えなかった						非常に影響を与えた
１．補助金の影響度について	1	2	3	4	5	6	7

27. 23で答えた復旧/復興のための設備投資における投資計画は，どの程度の期間で意思決定されましたか。検討開始から意思決定までの期間についてお答えください。
　　およそ〔　　　　　〕ヶ月

28. 23で答えた復旧/復興のための設備投資における投資計画は，平常時の設備投資における意思決定と比較してどうであったかお尋ねします。下の尺度により，最もよく当てはまると思う数字1つに○印をお付けください。

	全く異なる						全くその通り
1．平常時と比べて，タイムプレッシャーがきつかった	1	2	3	4	5	6	7
2．平常時と比べて，震災時の設備投資の検討開始から意思決定までの期間は短かった	1	2	3	4	5	6	7
3．平常時と比べて，投資採算性の計算（回収期間法，DCF法など）は重要な役割を果たさなかった	1	2	3	4	5	6	7
4．平常時と比べて，検討した投資採算性に関わるシナリオの数は少なかった（楽観的なシナリオと悲観的なシナリオの比較など）	1	2	3	4	5	6	7
5．平常時と比べて，採算性の計算に用いたデータの客観性は低かった	1	2	3	4	5	6	7
6．平常時と比べて，将来の減価償却費の増加が損益へ与える影響を重視しなかった	1	2	3	4	5	6	7
7．平常時と比べて，市場や技術に関するデータは少なかった	1	2	3	4	5	6	7
8．平常時と比べて，関連する複数の部門から必要な情報を得ることは難しかった	1	2	3	4	5	6	7
9．平常時と比べて，検討された代替案の数は少なかった	1	2	3	4	5	6	7
10．平常時と比べて，銀行やコンサルタントなど外部の専門家の意見を重視しなかった	1	2	3	4	5	6	7

29. **平常時において**，御社の市場環境や製品・サービスをどのように特徴づけることができるでしょうか。以下の尺度により，最もよく当てはまると思う数字1つに○印をお付けください。

	全く異なる						全くその通り
1．極めて多数の企業が競争状態にある	1	2	3	4	5	6	7
2．極めて多数の顧客群が会社売上を構成している	1	2	3	4	5	6	7
3．競争企業の行動を極めて正確に予測できる	1	2	3	4	5	6	7
4．競争企業の新規参入の脅威は極めて大きい	1	2	3	4	5	6	7
5．製品・サービスに対する需要は極めて正確に予測できる	1	2	3	4	5	6	7
6．新製品・サービスに対する顧客の選好の変化は極めて早い	1	2	3	4	5	6	7
7．販売促進手段は極めて多岐にわたる	1	2	3	4	5	6	7
8．市場における新製品・サービスの開発頻度は極めて高い	1	2	3	4	5	6	7

30. 震災時の経営管理に関して，特にお感じのことがございましたら，以下にお書きください。

以上で，調査項目は終了となります。
最後に，本調査全体を通じての論文上の扱いについて，お答えください。

31. 本調査にご協力いただいたことについて，本調査に基づく学術論文に貴社名を記載してもよろしいでしょうか。
　　　□1．YES　　　　□2．NO

32. 必要な場合，2時間程度のインタビュー調査にご協力いただけますでしょうか。
　　　□1．YES　　　　□2．NO

ご協力ありがとうございました。特に，数字をご記入いただく項目および○印をおつけいただく項目について，記入漏れ，記入間違いがないかどうかを再度ご確認の上，ご返送ください。

参考文献

Anthony, R. N., and V. Govindarajan (2007) *Management Control Systems. 12th ed.*, NY: McGraw-Hill.

C. F. Hermann (1972) *International Crisis: Insights From Behavioral Research*, Free Press, New York.

Christine M. Pearson and Judith A Clair (1998) "Reframing Crisis Management," *Academy of Management Review*, Vol. 23, No.1, pp.59-76.

Flamholtz, E. G. (1983) "Accounting, budgeting and control systems in their organizational context: theoretical and empirical perspectives." *Accounting, Organizations and Society*, Vol. 8, pp. 153-169.

Galbraith, J. (1973) *Designing Complex Organizations*, Addison-Wesley.（梅津祐良訳『横断組織の設計 マトリックス組織の調整機能と効果的運用』ダイヤモンド社，1980年）

Govindarajan, V. (1986) "The Impact of Participation in the Budgetary Process on Management Attitudes and Performance: Universalistic and Contingency Perspectives," *Decisions Sciences*, Vol. 17, No. 4, pp.496-516.

Hansen, S. C. and W. A. Van der Stede (2004) "Multiple facets of budgeting: an exploratory analysis," *Management Accounting Research*, Vol.15, No. 4, pp.415-439.

Hope J., and R. Fraser (2003) *Beyond Budgeting: How Managers Can Break Free from the Annual Performance Trap*, Harvard Business School Press.（清水孝監訳『脱予算経営』生産性出版，2005年）

Ian I. Mitroff (1988) *Break-Away Thinking: How to Challenge Your Business Assumptions (and Why You Should)*, Willy, New York.

Ian I. Mitroff (2000) *Managing Crises Before They Happen: What Every Executive and Manager Needs to Know About Crisis Management*, AMACOM.（上野正安・大貫功雄訳『危機を避けられない時代のクライシス・マネジメント』徳間書店，2001年）

Malmi, T and David A. Brown (2008) "Management Control System as a package: Opportunities, Challenges and Research Directions." *Management Accounting Research*, Vol. 19, No. 4, pp.287-300.

Merchant, K., and W. A. Van der Stede (2007) *Management Control Systems: Performance Measurement, Evaluation and Incentives (2nd Edition)*, Harlow: Financial Times Prentice Hall.

Otley, David T. (1980) "The Contingency Theory of Management Accounting: Achievement and Prognosis." *Accounting, Organizations and Society*, Vol. 5, No. 4, pp. 413-428.

Ouchi, W. G (1979) "A conceptual framework for the design of organization control mechanisms." *Management Science*, Vol. 25, No. 9, pp.833-848.

Simons, Robert (1995) *Levers of Control: How Managers Use Innovative Control Systems to Drive Strategic Renewal*, Boston.(中村元一・黒田哲彦・浦島史惠訳『ハーバード流「21世紀経営」4つのコントロール・レバー』産能大学出版部,1998年)

宇佐美隆一(2011)「大震災対応のBCP2 10日間で工場を移す」『日経ビジネス』2011年5月16日号,pp.68-71。

大泉光一(2002)『クライシス・マネジメント—危機管理の理論と実践—[三訂版]』同文舘出版。

岡崎路易(2012)「危機管理と管理会計—震災時における会計担当者の役割について—」『企業会計』第64巻第7号,中央経済社,pp.121-127。

岡崎路易・佐々木郁子・三矢裕(2013)「東洋刃物における震災時の管理会計のケーススタディ」『企業会計』第65巻第5号,中央経済社,pp.126-133。

岡﨑路易・藤本茂樹・三矢裕(2015)「震災復興に向けてのマネジメント・コントロール—東日本大震災におけるオムロンの事例研究—」『原価計算研究』第39巻第1号,pp.11-21。

小原重信(2004)「プロジェクト&プログラムマネジメントの基礎と体系」小原重信・浅田孝幸・鈴木研一 編著『プロジェクト・バランス・スコアカード』生産性出版。

亀井利明(2001)『危機管理とリスクマネジメント[改訂増補版]』同文舘出版。

株式会社日本政策投資銀行産業調査部設備投資計画調査担当(2011)『調査第103号(2011年9月)2010・11・12年度設備投資計画調査報告(2011年7月調査)』株式会社日本政策投資銀行。

株式会社日本政策投資銀行「Scenes of Solution 震災からの復興を目指して 復興に向かう企業への金融面からの支援」『季刊DBJ』14号,pp.16-19。

黒川行治・内藤文雄・柴健次・林隆敏(2009)「企業内容開示において開示される利益情報が有すべき情報内容は何か」『週刊経営財務』第2911号,pp.41-50。

河野豊弘編(1986)『長期経営計画の実例』同文舘出版。

小菅正伸(1997)『行動的予算管理論[増補第2版]』中央経済社。

財団法人 ひょうご経済研究所(2006)『震災クライシス・マネジメントとその実践—阪神・淡路大震災の教訓から—』財団法人ひょうご経済研究所。

佐久間智広・劉美玲・三矢裕（2013）「マネジメント・コントロール・パッケージのサーベイ研究における現状と課題：Levers of Control フレームワークに関する文献研究」『国民経済雑誌』第208巻第2号，神戸大学経済経営学会，pp.67-89。

櫻井通晴（2009）『管理会計［第四版］』同文舘出版。

佐々木郁子（2011）「チェーン再構築とプロジェクト・マネジメント思考の必要性」八田進二・柴健次・青木雅明・藤沼亜起編著『会計専門家からのメッセージ　大震災からの復興と発展に向けて』同文舘出版。

佐々木郁子（2012）「危機管理研究としての管理会計」八田進二編著『大震災を風化させない　会計研究者からの提言』同文舘出版。

佐々木郁子・岡﨑路易・大浦啓輔（2015）「東日本大震災における管理会計の実態調査」『原価計算研究』第39巻第1号，pp.1-10。

週刊ダイヤモンド「東日本大震災から1年進まぬ復旧・復興の現実」『週刊ダイヤモンド』2012年3月10日号，pp.28-83。

盛和塾（1996）『経営者たちの大震災　稲盛和夫と経営者たちが語るクライシス・マネジメント』出版文化社。

セコム株式会社監修（2008）『企業価値向上のための事業継続マネジメント』リックテレコム。

高尾厚・山崎尚志（2011）「第8章　保険・リスクマネジメント」神戸大学経済経営学会編著『ハンドブック経営学』ミネルヴァ書房。

高野一彦（2011）「大震災対応のBCP 3　経営者の即応力がカギ」『日経ビジネス』2011年5月23日号，pp.64-67。

谷武幸（2009）『エッセンシャル管理会計』中央経済社。

中小企業庁（2011）『中小企業白書［2011年版］～震災からの復興と成長制約の克服～』同友館。

円谷昭一（2009）「会社業績予想における経営者バイアスの影響」『証券アナリストジャーナル』第47巻第5号，pp.77-88。

敦賀博（2011）「大震災対応のBCP 1　『想定外の断水』を克服」『日経ビジネス』2011年5月9日号，pp.66-69。

日経ビジネス「『想定外』を乗り越えろ　震災に立ち向かった5社の知恵」『日経ビジネス』2011年5月30日号，pp.54-65。

西山茂（2009）『戦略管理会計［改訂第2版］』ダイヤモンド社。

平野秀輔（2008）『財務管理の基礎知識：財務諸表の見方から経営分析，管理会計まで［第2版］』白桃書房。

福嶋誠宣・米満洋己・新井康平・梶原武久（2011）「経営計画が企業業績へ与える影響につ

いての経験的な検証」『神戸大学大学院経営学研究科ディスカッション・ペーパー』2011-39。

福嶋誠宣（2012）「コントロール・パッケージ概念の検討」『管理会計学』第20巻第2号, pp.79-96。

古田清和・中安富紀子・山田善紀（2009）『基礎からわかる管理会計の実務』商事法務。

宮林正恭（2005）『危機管理　リスクマネジメント・クライシスマネジメント』丸善。

門田安弘編著（2008）『管理会計レクチャー・上級編』税務経理協会。

山田庫平・鈴木研一・山下裕企・大槻晴海・三木僚佑（2003）「わが国企業予算制度の実態（平成14年度）(2)企業予算制度の基礎的事項に関する分析：予算編成目的，経営計画，予算委員会，予算期間等」『産業経理』第63巻第2号，pp.120-135。

山村武彦（2006）『本当に使える　企業防災・危機管理マニュアルのつくり方―被災現場からみつめたBCP』金融財政事情研究会。

索 引

■欧文

BCP（Business Continuity Plan）……… 24

■あ行

アクションコントロール………………… 43

■か行

会計……………………………………… 26
学習……………………………………… 18
環境の不確実性………………………… 43
危機管理………………………………… 14
危機管理計画…………………………… 20
危機対応マニュアル…………………… 22
クライシス…………………………… 11, 13
クライシスコントロール……………… 15
クライシスマネジメント…………… 14, 16
クライシスマネジメントの5段階…… 17
クライシスマネジメントの
　フレームワーク……………………… 16
グループ補助金………………………… 73
経営計画………………………………… 37

■さ行

参加型予算……………………………… 38
事業継続計画…………………………… 24
準備と予防……………………………… 18
成果コントロール…………………… 4, 43
設備投資計画…………………………… 32
前兆（シグナル）の発見……………… 17

■た行

中長期経営計画………………………… 34
伝統的マネジメント・コントロール…… 32

■は行

人・文化コントロール………………… 43
封じ込め/ダメージの防止 ……………… 18
不確実性………………………………… 47
プログラム……………………………… 35
プログラム・マネジメント…………… 35
プロジェクト・マネジメント………… 35
プロジェクト活動……………………… 35
文化コントロール……………………… 4
平常への復帰…………………………… 18

■ま行

マネジメント・コントロール………… 3
マネジメント・コントロール・
　パッケージ…………………………… 42

■や行

予算管理………………………………… 37
予算スラック…………………………… 39
予算統制………………………………… 38
予算編成………………………………… 37

■ら行

リスクマネジメント…………………… 14
論理実証型研究………………………… 9

【著者紹介】

岡﨑　路易（おかざき　るい）

Ｊ．フロント リテイリング株式会社 経営戦略統括部スタッフ
神戸大学大学院経営学研究科研究員

1981年生まれ。2004年同志社大学工学部卒業。同年株式会社大丸（現：株式会社大丸松坂屋百貨店）入社。2010年神戸大学大学院経営学研究科専門職学位課程修了。2015年神戸大学大学院経営学研究科博士課程後期課程修了，博士（経営学）。現在に至る。

◆主要論文

「シェアードサービスの実態調査：経理財務部門におけるシェアードサービスの導入状況」
　共著，『原価計算研究』第35巻第2号，2011年
「経理シェアードサービスの導入成果：経験的な検証」共著，『管理会計学』第19巻第2号，
　2011年
「危機管理と管理会計—震災時における会計担当者の役割について—」『企業会計』第64巻第
　7号，2012年
「東洋刃物における震災時の管理会計のケーススタディ」共著，『企業会計』第65巻第5号，
　2013年
「東日本大震災における管理会計の実態調査」共著，『原価計算研究』第39巻第1号，2015年
「震災復興に向けてのマネジメント・コントロール：東日本大震災におけるオムロンの事例
　研究」共著，『原価計算研究』第39巻第1号，2015年

クライシスを乗り越えるマネジメント・コントロール
──東日本大震災の復興事例

2016年6月30日　第1版第1刷発行

著者　岡　﨑　路　易
発行者　山　本　　　継
発行所　㈱中央経済社
発売元　㈱中央経済グループ
　　　　パブリッシング

〒101-0051　東京都千代田区神田神保町1-31-2
電話　03 (3293) 3371 (編集代表)
　　　03 (3293) 3381 (営業代表)
http://www.chuokeizai.co.jp/
印刷／三英印刷㈱
製本／誠製本㈱

Ⓒ 2016
Printed in Japan

＊頁の「欠落」や「順序違い」などがありましたらお取り替えいたしますので発売元までご送付ください。(送料小社負担)
ISBN978-4-502-19201-2　C3034

JCOPY〈出版者著作権管理機構委託出版物〉本書を無断で複写複製(コピー)することは，著作権法上の例外を除き，禁じられています。本書をコピーされる場合は事前に出版者著作権管理機構(JCOPY)の許諾を受けてください。
JCOPY〈http://www.jcopy.or.jp　e メール：info@jcopy.or.jp　電話：03-3513-6969〉

体系現代会計学 第10巻

業績管理会計

(責任編集) 谷武幸・小林啓孝・小倉昇

A5判・428頁

PDCAサイクルに焦点を当て,戦略実施のマネジメント・コントロールを業績管理の視点から体系化し,枠組みから利益・原価管理,組織のタイプ別業績管理まで検討。

Contents
第Ⅰ部　業績管理会計の枠組み
第1章　業績管理会計の意義
第2章　業績管理会計と組織構造
第3章　業績管理会計と組織行動
第4章　業績管理会計の経済学的分析
第5章　経営戦略と業績管理
第Ⅱ部　マネジメント・コントロール
第6章　利益管理
第7章　原価管理
第8章　事業部の業績管理
第9章　グループ企業の業績管理
第10章　グローバル企業の業績管理
第11章　プロジェクトマネジメントの管理会計
第12章　非営利組織の業績管理
第13章　企業価値と業績管理

中央経済社

体系現代会計学 第11巻

戦略管理会計

（責任編集）淺田孝幸・伊藤嘉博

A5判・344頁

伝統的な業績管理・意思決定の管理会計の枠組みから，戦略管理会計という新たな視覚を意識して，管理会計のさまざまな論点を究明。

Contents

第1章　戦略管理会計の考察
第2章　組織間管理会計
第3章　戦略実行のための組織変革－脱予算経営の導入
第4章　戦略的原価・収益性分析
第5章　活動基準原価計算
第6章　活動基準管理
第7章　品質コスト
第8章　環境管理会計
第9章　設備投資の収益性分析
第10章　バランスト・スコアカード
第11章　戦略マップ

中央経済社

体系現代会計学　第12巻

日本企業の管理会計システム

（責任編集）**廣本敏郎・加登豊・岡野浩**

A5判・368頁

日本企業が，その地位を獲得するために実践してきた「日本のものづくり」や「日本的経営」を支援してきた管理会計システム。その歴史，各要素，研究方法論を論じる。

Contents

第Ⅰ部　日本的管理会計の特徴と進化
第1章　日本的管理会計の特徴
第2章　日本的管理会計の制度化プロセス

第Ⅱ部　日本的管理会計システムの要素
第3章　原価企画
第4章　原価改善－原価企画・原価維持との相互浸透と「企画原価」の創出
第5章　ミニ・プロフィットセンター
第6章　わが国における欧米発管理会計システムの受容・変容・進化

第Ⅲ部　日本的管理会計システムの更なる解明
第7章　よりよい研究の基盤構築
第8章　研究方法論

中央経済社